KB149611

최초의 죽음

최초의 죽음
신화로 읽는 죽음의 기원

초판 1쇄 펴낸날 | 2022년 7월 31일

지은이 | 권태효
펴낸이 | 고성환
펴낸곳 | (사)한국방송통신대학교출판문화원
　　　　03088 서울특별시 종로구 이화장길 54
　　　　전화 1644-1232
　　　　팩스 02-741-4570
　　　　홈페이지 press.knou.ac.kr
　　　　출판등록 1982년 6월 7일 제1-491호

출판위원장 | 박지호
책임편집 | 이두희
교정 | 명수경
본문 디자인 | (주)동국문화
표지 디자인 | 최원혁

© 권태효, 2022
ISBN 978-89-20-04384-0 03380

값 19,500원

최초의 죽음

권태효 지음

신화로 읽는 죽음의 기원

지식의날개

머리말

죽음이 없다면 과연 이 세상은 어떻게 될까.

이 책은 이런 소박한 질문에서 출발했다.

이런 본질적인 의문을 끄집어낸 것은 철학자나 사상가도 아니고, 또 과학자도 아니다. 주어진 환경에서 묵묵히 삶을 영위하면서, 중심이기보다는 항상 주변을 맴돌며 생활하면서 그들의 전통을 지켜오던 여러 소수민족의 신화가 우리에게 던진 질문이었다.

인간은 죽지 않고 오래 사는 것에는 관심이 많지만, 죽음이 없다면 이 세상이 얼마나 혼란해질지에 대해서는 무심한 편이다. 이런 죽음에 대한 근본적인 질문은 오래전부터 전해 내려오는 죽음기원신화에 나타난 고민거리이다.

우리는 죽음에 대해 많은 생각을 한다. 《닥터 지바고》에는 "역사란 죽음을 극복하겠다는 일념으로 죽음이라는 수수께끼를 탐색해 온 오래된 날들의 기록"이라는 대사가 나오기도 한다. 인간의 삶은 죽음을 떼어놓고 생각할 수 없는 불가분의 관계에 있다.

인간에게 죽음은 자연적이고 필연적인 현상이다. 이 때문에 죽음에 대한 다양한 사고가 의례나 신앙을 비롯한 인간의 삶 전반에 폭넓게 투영되어 있다. 그중에서도 신화는 죽음에 대한 인간의 사고를 응집한 결정체이다.

이 책은 우리나라를 비롯해 세계 곳곳에 전승되는 죽음과 관련된 여러 신화를 바탕으로 신화에서 말하는 죽음의 세계에 대한 궁금증을 풀어가는 형식으로 구성되었다.

인간이 다른 동물과 구별되는 능력 중 하나는 죽음을 인식한다는 점이다. 우리는 일상에서 마치 죽지 않을 것처럼 죽음을 망각하고 생활하다가도, 때때로 죽음을 상기하면서 살아가는 의미나 목표를 떠올리기도 한다.

사람들은 흔히 "죽기 전에 이 일만큼은 꼭 해야만 한다."라고 말한다. 인간에게는 죽음이라는 한정된 기한이 있기에 목표를 설정하고 그 일을 성취하기 위해 혼신의 노력을 다한다. 만약 세상에 죽음이 없다면 어떠했을까? 굳이 지금 하지 않아도 된다고 생각하면서 아무런 변화 없이 계속되는 시간의 굴레를 되풀이하며 살 것이다.

인간은 죽음을 인식하고 있기에 인간다운 삶을 살 수 있는 것이다. 역설적이지만 죽음이 있어 삶이 풍요로울 수 있고, 오늘날과 같이 인류가 발전할 수 있었다.

그러나 죽음은 인간에게 가장 두려운 대상이기도 하다. 모든 공포는 죽음에서 비롯된다. 인간이 죽지 않는 존재라면 두려움을 가질 이유가 없다. 질병이나 전쟁, 갑작스러운 사고 등은 궁극적으로 죽음으로 귀결되기에 인간에게 두려움의 대상이 된다. 그래서 신화의 주인공은 영생을 구하는 긴 여행을 떠나기도 하고, 불사의 약을 구하려고 애를 쓰는 등 죽음을 피하기 위해 혼신의 노력을 기울인다.

죽음과 관련된 신화는 종류가 다양하고, 담고 있는 사고 또한 복잡다단하다. 태초에는 신이 인간에게 죽음을 주지 않으려고 했다고 해서 죽음 자체를 인정하지 않으려 하기도 하고, 또 반대로 죽음이 없는 세상의 혼란을 가정하면서 신에게 죽음을 내려달라고 인간이 애원하기도 한다. 〈길가메시 서사시Epic of Gilgamesh〉의 주인공 길가메시처럼 영원한 생명을 얻기 위해 떠난 여행에서 영생이 인간의 몫이 아님을 깨닫기도 한다.

그런가 하면 죽음에서 벗어나고자 불로초나 불사약을 애타게 구하기도 하고, 이미 정해진 죽음을 피하고자 저승차사에게 뇌물을 주어 수명을 연장하기도 한다. 또 죽음의 세계는 어떤 모습일지 상상하여 묘사하고, 죽음의 세계는 어떤 노정을 거쳐 도달할 수 있는지도 죽음 관련 신화에서는 나름의 방식으로 설명하고 있다.

이 외에도 죽은 사람을 되살리는 방법을 찾기도 하고, 죽음의 세계를 다녀온다거나, 죽은 뒤 환생하는 이야기 등 인간의 죽음과 관련된 다양한 신화가 우리 곁에 자리 잡고 있다.

이 책은 세계 곳곳에서 전승되는 다양한 죽음 관련 신화를 찾아 인간의 어떤 사고가 이와 같은 신화를 탄생시켰는지 살펴보는 데 목적이 있다. 죽음과 관련된 다양한 신화를 통해 인간의 영원한 화두인 '죽음'을 한 번쯤 진지하게 생각해 보는 기회를 갖기를 바란다.

2022년 여름, 경복궁에서
권태효

차례

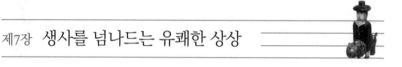

제7장 생사를 넘나드는 유쾌한 상상

신이시여,
죽게 하소서

세상에 죽음이 없다면…

죽음은 신의 뜻인가 인간의 뜻인가

인구과잉을 해결하는 신화적 해법

어린이가 노인보다 먼저 죽는 까닭은

돌과 바나나, 당신의 선택은

죽음이 생겼으니 이제는 수명을 정할 차례

중국 윈난성 쿤밍시에서 생활한 적이 있다. 사계절이 모두 봄과 같아서 춘성春城이라고 부를 정도로 사람들이 생활하기에 적합한 기후를 지닌 곳이다. 이 때문에 고령인구 비중이 꽤 높은 지역이기도 하다.

주로 대중교통을 이용하곤 했는데, 하루는 버스 안에서 죽음과 관련한 단상에 빠진 적이 있다. 쿤밍시에서는 60세 이상의 노인이라면 무료로 공공버스를 이용할 수 있는 아이신愛心 카드를 발급한다. 버스를 타면서 이 카드를 단말기에 대면 '아이신카'라는 소리가 나는데, 어느 날부터 유심히 관찰해 보니 승차하는 사람의 80% 이상이 이 카드를 이용하고 있었다. 문득 '이 정도로 노인 비율이 높으면 과연 사회가 정상적으로 돌아갈 수 있을까?' 하는 생각이 들었다.

세상이 급속하게 고령 사회로 접어들고 있다. 의료기술이 발전함에 따라 이런 현상은 필연적일 텐데, 사람들은 오래 살 생각만 했지 사람이 죽지 않고 계속 살면 세상이 어떻게 될지에 대해서는 간과하는 경

중국 소수민족 이족의 장터 모습. 이족의 생활상을 엿볼 수 있다.

향이 있다.

　'죽음이 없다면 과연 이 세상은 어떻게 될까?'라는 의문이 지금에 와서야 비로소 생겨난 것은 아니다. 중국의 소수민족 중 하나인 이족彝族의 신화는 '인간이 만약 죽지 않고 영원히 산다면 세상은 어떻게 될까?'라는 고민을 담고 있다. 인간은 본래 죽지 않는 영생의 존재였는데, 죽음이 없으니 젊은이들이 노인을 돌보느라 아무것도 하지 못해 세상이 온전히 돌아가지 않자 인간이 먼저 신에게 죽음을 요청했다고 한다.

먼 옛날 뚜어루어이엔多羅巖이라는 절벽 동굴에 한 무리의 원숭이가 살고 있었다. 그런데 어느 날 원숭이 한 마리가 갑자기 죽어버렸다. 그러자 원숭이들은 죽은 원숭이를 관 속에 넣고 꽃과 야생과일 등을 따다 바치며 와자지껄하게 떠들면서 놀았다.

천신天神이 그 소리를 듣고 파리를 보내 어떻게 된 일인지 사정을 알아보게 했다. 파리가 살펴보고 돌아와 "원숭이 한 마리가 갑자기 죽었는데, 원숭이 무리들이 무슨 좋은 일이라도 생긴 것처럼 경축하며 즐기고 있습니다."라고 보고했다.

천신은 다시 이샤오리모어依勺里嬤 신을 인간 세상에 내려보내 자세한 내막을 알아보게 했다. 이샤오리모어 신은 원숭이들이 장례를 치르면서 죽음을 즐거워하는 모습을 보고 이상하다는 생각이 들어, 지신地神을 불러 인간도 죽기를 원하는지 알아보라고 시켰다.

지신은 온 사방의 사람들을 두루 만나 인간에게 죽음이 필요한지를 물었다. 그랬더니 사람들이 "사람이 늙어 머리가 희어져도 죽지 않으니 젊은 사람이 항상 곁에 붙어서 노인들을 보살펴야 합니다. 보살펴야 할 노인의 숫자가 너무 많습니다. 그러니 사람은 머리가 희어지면 죽도록 해야 합니다."라고 대답했다. 지신이 이 말을 듣고 신하인 하오루어豪羅에게 세상 사람들과 용왕부, 염라부에 가서 "머리가 흰 사람만 저승에 오게 하고 머리가 희지 않으면 저승에 오지 못하게 하라. 젊은이, 어린아이, 아기들은 오지 못하게 하라."라고 전하게 했다. 그러나 하오루어가 이 말을 전하러 가다가 그만 소똥을 밟아 미끄러지면서 전달할 말을 잊어버리고 말았다. 그래서 인간세상에 와서는 "머리가 흰 사람은 저승에 오게 하고, 머리가 검은 사람, 젊은이, 어린아이, 아기들도 모두 저승에 오게 하라."라고 했다고 멋대로 전했다.

이때부터 세상에 인간의 죽음이 생겨났을 뿐 아니라 지금처럼 순서 없이 죽게 되었다.[1]

전형적인 죽음기원신화이다. 어떻게 세상에 죽음이 생겨났는지 그 유래를 잘 설명하고 있다. 태초에 신은 인간에게 죽음을 부여하지 않았다. 즉, 인간이 본래부터 죽었던 것은 아니었다.

그런데 이처럼 죽음이 없으니 문제가 생길 수밖에 없다. 죽음이 없는 세상은 노인으로 넘쳐나 그들을 보살피느라 젊은이들이 온전히 활동을 할 수 없다고 말한다. 사회를 운영하는 시스템이 마비되어 버렸다는 것이다. 그런데 이족 죽음기원신화는 '신이 그저 인간에게 죽음을 내렸다.'라고 단순하게 이야기를 끝내지 않는다. '죽음이 없다면 과연 이 세상은 어떻게 될까?'라는 고민을 하도록 하고, 이런 고민을 바탕으로 죽음이 탄생할 수밖에 없었던 필연성을 말하려 한다. '인간 죽음의 기원'을 찾는 데 세상에 죽음이 없다는 것을 가정하고 거꾸로 접근해서 죽음의 당위성을 찾고자 하는 것이다. 즉, '세상에 죽음이 왜 생겨났는가?'를 설명하기 위해 '이 세상에 죽음이 없다면 어떠했을까?'라는 문제를 끄집어낸다.

죽음기원신화에서는 이런 고민을 신이 하기도 하고 인간이 하기도 한다. 이 중 신이 고민하다가 죽음을 내리는 신화는 오히려 극소수이다. 인간이 스스로 죽음이 필요하다면서 신에게 죽음을 달라고 요청하는 경우가 많다. 이때는 대체로 죽음이 없는 세상에서 비롯되는 혼란스러움을 먼저 제시하고, 신의 뜻보다는 인간이 원해서 죽음이 생겨났다고 설명한다. 죽음은 신의 뜻이 아니라 죽음이 없어서 생기는 세상의 혼란 때문에 인간이 요청해서 생긴 산물이라는 것이다.

한편 이족의 죽음기원신화에서도 볼 수 있듯이 죽음을 내리거나 죽는 순서를 정할 때 신의 뜻을 전달하는 전령이 오류를 일으키는 경우가 많다. 머릿속 사고 회로가 뒤엉켜 "인간에게 영원한 생명을 준다."라는 본래의 전갈을 "인간에게 죽음을 내린다."라고 전하거나, 신이 "인간은 늙은 순서대로 죽는다."라고 전하게 했으나 전달 과정에서 죽음의 순서가 뒤바뀐다거나 없어지는 형태로 나타난다.

죽음기원신화에서는 신이 인간에게 영생을 주느냐 죽음을 주느냐에 초점을 두는 사례가 많은데, 이 신화에서는 죽음을 내리기로 결정한 이후 죽음에 순서가 없게 된 까닭을 장황하게 설명한 것이 특징이다.

─────── 죽음은 신의 뜻인가 인간의 뜻인가

신이 인간에게 죽음을 내릴지 말지 고민하다가 영원히 살게 하기로 결정하고 동물을 불러 이를 인간에게 전하라고 시켰는데, 신의 말씀을 온전히 전하지 못해 결국 인간이 죽게 되었다는 내용의 신화가 많다. 다음은 아프리카 호텐토트Hottentot족에게 전승되는 죽음기원신화이다.

옛날 옛적 달이 어느 벌레를 불러 인간에게 다음과 같은 말을 전하라고 시켰다. "내가 죽었다가 다시 살아나듯이 너희 인간도 죽었다가 다시 살아날 것이다."

벌레는 이 말을 인간에게 전하기 위해 천천히 기어가고 있었다. 그런데 뒤에서 갑자기 토끼가 뛰어오더니 벌레에게 "너는 무슨 심부름을 가는 거니?" 하고 물었다. 벌레는 달이 말한 대로 "내가 죽었다가 다시 살아나듯이 너희 인간도 죽었다가 다시 살아날 것이다."라는 말을 인간에게 전하러 간다고 했다. 토끼가 그 말을 듣더니 "너는 빨리 달리기 어려우니 내가 대신 그 말을 전해줄게." 하고는 인간에게 쏜살같이 달려갔다.

그런데 토끼는 인간에게 달의 말을 엉뚱하게 전하고 말았다. 달이 "내가 죽어 멸망하듯이 너희도 죽어서 생명이 끝날 것이다."라고 말했다고 전한 것이다.

그러고는 달에게로 돌아가서 인간에게 전한 말을 그대로 보고했다. 달은 그 내용을 듣고 자신의 말을 잘못 전달한 토끼에게 화가 나서 "네가 감히 내가 말하지도 않은 것을 인간에게 전하였느냐?" 하며 지팡이로 토끼의 입을 내리쳤다. 이런 이유로 토끼는 입술이 세 갈래로 갈라지게 되었다.[2]

이처럼 달이나 신이 본래는 인간을 죽지 않게 하려고 계획했으나 신의 뜻을 전하는 전령의 실수 때문에 성공하지 못했다는 신화가 아프리카에 널리 퍼져 있다. 제임스 프레이저James G. Frazer는 신의 뜻이 인간에게 잘못 전달되면서 죽음이 생겨났다는 부류의 신화를 10여 편 이상 수집해서 소개한 바 있다.[3]

신은 처음에는 인간에게 죽음을 부여할 의도가 없었다. 죽음은 인간뿐만 아니라 생물이면 모두가 겪어야 하는 필연적인 현상이지만, 신화에서는 이런 죽음을 인정하지 않는다. 그래서 인간은 원래 신의 뜻에 따라 영생을 누릴 수 있었지만, 중간에 신의 말씀이 잘못 전달되면서 안타깝게도 죽을 수밖에 없는 존재로 전락하게 되었다고 말한다. 세상에 죽음이 존재하는 현실을 이런 사고를 통해 위안을 삼는 것이다. 이렇게 되면 신은 인간의 죽음에 자유로울 수 있다.

그런데 죽음기원신화 중에는 인간이 원해서 죽음이 생겨났다고 하는 신화도 다양하게 찾아볼 수 있다. 신이 인간의 의사를 묻기도 하고, 영원한 생명을 주겠다는 신의 제안을 인간이 거절하는 형태도 있다. 심지어 인간이 먼저 신에게 죽음을 달라고 요청하면서 죽음이 생겨났다는 이야기도 있다.

아프리카 딩카Dinka족 신화에는 신이 인간을 죽지 않도록 하겠다고 제안했으나 인간이 거부했다는 이야기가 전해진다.

신은 최초의 남녀에게 "인간은 죽더라도 15일 이후에는 부활해서 영원히 살 수 있도록 하겠다."라고 제안했다. 하지만 인간은 "그렇게 되면 세상에 인구가 너무 늘어나서 땅이 부족해집니다."라고 하면서 반대했다. 이에 따라 신은 인간에게 죽음을 부여했고, 이후로 인간은 죽게 되었다.[4]

한편 아프리카 말리Mali에서는 죽음이 고통으로부터 인간을 해방시켜 주는 수단이라고 하면서 인간이 오히려 신에게 죽음을 달라고 간청했다는 이야기가 전한다.

사람들은 본래 죽지 않고 영원히 살았다. 죽음이 없었기에 사람들은 늙고 또 늙어갔다. 사람들은 갈수록 점점 더 노쇠해졌고, 손과 발을 제대로 움직일 수 없게 되었다. 움직임도 점점 느려졌고, 모든 일이 힘에 부쳤으며, 병세가 악화되어 더 이상 치료할 수 없는 지경에 이르렀다.

어느 날 엠마라는 늙은이가 신에게 찾아가서 부디 이 고통으로부터

인간을 해방시켜 달라고 간청했다. 그러자 신은 그 청을 들어주기로 하고 인간에게 죽음을 내려보냈다.[5]

이렇듯 처음에는 신이 인간에게 죽음을 부여하지 않았다. 그러다가 나중에 죽음이 세상에 출현하는데, 그 방식에는 몇 가지가 있다. 첫째는 "인간에게 영원한 생명을 주겠다."라는 신의 말씀을 잘못 전달하면서 죽음이 생겨나는 방식, 둘째는 신이 인간에게 죽음이 필요한지 의사를 물어 인간이 원하자 죽음을 내려주는 방식, 셋째는 인간이 먼저 신에게 요청해서 죽음이 생겨나는 방식 등이다. 이렇듯 여러 이유로 인간에게 죽음이 부여되었음을 알 수 있다.

신은 인간에게 영생을 주고자 했다. 하지만 세상에 죽음이 없으니 당연히 문제가 생긴다. 공간은 한정되어 있는데 사람이 죽지 않고 늘어나기만 하니 세상이 비좁아져서 사람이 도저히 살 수 없게 되었다고 말한다. 그런가 하면 사람이 많아져 먹을거리가 모자라 더 이상 사람이 살 수 없다고 말하기도 한다. 또 세상에 스스로 활동하지 못하는 노인들이 넘쳐나 젊은이들이 노인을 뒤치다꺼리 하느라 세상이 정상적으로 돌아가지 않는다고도 한다. 이렇듯 죽음이 없으니 세상은 혼란스러울 수밖에 없다. 그러자 신은 인간에게 어쩔 수 없이 죽음을 부여하고 만다.

죽음이 없어서 생긴 혼란이기에 죽음에서 해답을 찾아야 한다는 것이다.

죽음이 없다면 과연 이 세상은 어떻게 될까.

인간에게 죽음이 없으면 세상에 행복이 올 것 같지만 죽음기원신화에서는 실상은 인간이 온전하게 활동하기 어려워져 세상이 혼란에 빠진다고 말한다. 세계 여러 신화에서는 태초에는 죽음이 없었는데, 세상이 너무 혼란스러워 신 또는 인간의 필요에 따라 죽음이 생겨났다고 한다.

우리는 막연히 생각하기를 죽음과 관련된 신화에는 인간이 어떻게든 죽음을 피하려는 모습을 그려놓을 것 같은데, 실제로는 이와 전혀 다른 관념이 일반화되고 있음에 주목할 필요가 있다.

남미 아마존 유역에 사는 카라하족 신화에 따르면 본래 인간은 지하의 좁은 공간에서 살았다. 그때는 죽음이 없었는데 세상이 너무 혼잡해지자 사람들은 할 수 없이 지상으로 올라왔고, 지상에 살게 되면서부터 죽음이 비로소 시작되었다고 한다.

최초의 인간은 지하 세계에 살았다. 그 시절에는 아무도 죽지 않았기 때문에 점차 인구밀도가 높아져 어찌해 볼 도리가 없을 만큼 혼잡해졌다. 그래서 사람들은 땅 위로 올라와 살게 되었고, 충분한 생활공간을 확보할 수 있었다. 하지만 동시에 죽음의 운명도 얻게 되었다.[6]

죽음이 없어서 세상이 혼란스러워졌기에 결국 죽음이 탄생했다고 하는 신화가 세계 곳곳에서 전한다. 이런 세상의 혼돈은 신의 고민이기도 하겠지만 궁극적으로는 인간의 고민이기 때문이다. 신이 죽음을 내려 세상의 혼돈을 극복한다는 내용의 신화를 몇 가지 더 살펴보자.

익숙한 인도 신화에 따르면 이 세상을 창조한 최고신 브라흐마 Brahma가 세상의 혼돈을 극복하기 위해 죽음을 탄생시켰다. 브라흐마가 모든 생물을 창조했는데, 그것들이 땅 위에 번성하고, 인간의 숫자도 계속해서 늘어나면서 너무 많은 생물과 인간 때문에 땅이 신음하게 되었다. 그러자 브라흐마는 고민에 빠진다. '세상에 너무 많은 인간과 생물이 살고 있어. 이대로는 도저히 안 되겠어.' 하지만 이것은 쉬운 문제가 아니었다. 고민을 거듭하다가 불현듯 분노가 일었고, 자신이 창조한 모든 것을 태워서 파괴하려고 했다. 이때 시바 Siva 신이 다가와 자비를 베풀라고 설득하자 분노가 사그라들었고, 그 대신 죽음의 여신을 탄생시켜 세상에 내놓는다.[7]

이 신화에서 죽음이 탄생한 발단은 죽음이 없어서 생긴 세상의 혼란이다. 브라흐마가 창조한 세상은 처음에는 아무런 문제없이 온전히 잘 돌아갔다. 하지만 죽음 없이 일정 시간이 흐르자 세상은 포화상태

인도 신화에 나오는 죽음과 파괴의 여신 칼리Kali. 국립민속박물관 소장

제 1 장 신이시여, 죽게 하소서

가 되었고 그러면서 혼란에 빠진다. 계속해서 생산과 공급만 있었으니 어찌 보면 당연한 결과이다.

공급 과잉에 따른 혼란이기에 어떻게든 조정해서 균형을 맞출 필요가 있다. 브라흐마는 혼란을 극복하고 온전한 세상이 유지되도록 조정하는 수단으로 죽음을 선택한다. 즉, 죽음이 없어서 생긴 세상의 혼란이니 해결책으로 세상에 죽음을 가져와야 한다고 본 것이다.

이런 인도 신화의 연장선상에서 네팔의 구르카Gurkha족에게 전승되는 다음 이야기도 흥미롭다.

한 노인이 어느 날 땔감을 한 지게 해서 돌아오다가 힘이 들어 잠시 쉬고 있었다. 그런데 다시 지게를 지고 일어서려니 무거워서 일어나기가 어려웠다. 노인이 힘들다며 투덜대면서 "죽음은 뭘 하는가? 나 같은 늙은이를 잡아가지 않고."라며 중얼거렸다. 마침 그 옆을 지나던 죽음이 듣고 있다가 "나를 왜 찾으시오?"라고 했다. 노인은 놀라며 "지게가 무거워서 한 불평이었소."하고 둘러댔다. 그러고는 "나는 얼마나 더 살겠소?" 하고 물으니 죽음이 딱 5년을 더 산다고 대답해 주었다.

노인은 그때부터 죽음을 가두기 위해 좋은 나무를 골라 한 번 들어오면 다시는 빠져나가지 못하는 아주 튼튼한 집을 지었다. 5년 뒤 과연 죽음이 찾아왔다. 노인은 집 구경을 하라며 죽음을 집에 들이고는 몰래 빠져나와 문을 잠궈버렸다.

죽음이 갇히자 세상에는 죽음이 사라졌다. 세상에 사람이 넘쳐나고 먹을 것이 없어 굶주림에 아우성을 쳤다. 세상이 혼란스러우니 신들이 모여 대책을 논의했다. 하지만 뚜렷한 대책을 찾을 수 없었다. 그때 비

세상의 질서가 잘 유지될 수 있도록 관장하는 비슈누 신상.
메트로폴리탄박물관 소장

슈누Vishnu 신이 자신이 문제를 해결하겠다고 나섰다.

비슈누는 노인 모습으로 죽음을 가둔 노인을 찾아갔다. 이미 너무 늙어 사는 것조차 힘들어진 노인에게 "사는 게 힘들지 않소?" 하고 물었다. 그러자 노인은 "이제 죽고 싶어도 죽을 수조차 없답니다."라고 하며 죽음이 갇힌 곳을 알려주었다. 비슈누가 그 나무집을 찾아가서 다 죽어가는 죽음을 되살려 놓았다. 그러자 죽음이 이제 이 짓을 더는 못하겠으니 그 일에서 해방시켜 달라고 요청했다.

비슈누는 죽음을 달랬다. "어떻게 해주면 다시 그 일을 수행하겠느냐?" 하고 물었다. 그러자 죽음은 "사람들이 내 모습을 볼 수 있어 이 지경이 된 것이니, 나는 세상을 볼 수 있어도 세상은 나를 보지 못하게 해주시오." 하고 부탁했다. 비슈누는 승낙했고, 그 뒤로 죽음은 소리 소문 없이 출현해 인간을 죽음의 세계로 데려갔다.[8]

죽음이 있다가 사라지자 이 세상은 사람들로 넘쳐나고 굶주림으로 아우성을 쳤다. 이런 혼란을 극복하기 위해서 비슈누는 사라진 죽음을 데려와 세상을 되돌려야 했다. 이 이야기에서는 죽음이 반드시 있어야 세상이 온전히 돌아간다고 말하고 있다.

그런데 이처럼 신이 스스로 나서서 죽음이라는 해결책을 찾는 죽음기원신화는 많지 않다. 대부분은 인간이 공급 과잉을 막는 방법을 찾거나 인간이 요청하니 그제야 신들이 논의해서 해결책을 찾는 경우가 대다수이다. 물론 해결책은 인간 세상에 죽음을 가져오는 것으로 귀결된다.

다음에 소개하는 신화는 북미 인디언 신화이다. 이 신화에도 세상에 죽음이 없어서 인간이 넘쳐나고 혼란이 극심해지니 인간이 신에게 해결책을 찾아달라고 요청한다는 내용이 있다.

태초에는 세상에 죽음이 없어서 온통 사람들로 발 디딜 틈조차 없었다. 사람이 더 생겨났다가는 지구가 금방이라도 터질 것만 같았다. 할 수 없이 각 부족의 추장들이 모여서 대책을 논의했는데, 추장들은 해법으로 사람들을 교대로 잠시 동안 죽게 했다가 주술사가 영혼을 소생시켜 주면 되살아나도록 하자고 합의했다. 하지만 코요테만은 끝까지 반대하면서 인간에게 영원한 죽음을 주어야 한다고 주장했다. 그러더니 코요테가 중간에서 인간의 영혼이 소생하지 못하도록 방해를 했고, 결국 인간은 죽음을 맞이하게 되었다.[9]

사람이 많아서 생긴 혼돈을 사람을 일정 비율로 교대로 죽게 하면서 균형을 맞추려는 방법으로 해결하려 한다. 이것은 인간에게 죽음이 있어서는 안 된다는 전제하에 이루어진 조정안인데, 코요테라는 방해꾼이 있어 결국 인간이 아예 죽게 되었다고 한다.

이 신화에서도 인간은 본래 영생을 누리던 존재였다. 하지만 죽음이 없으니 세상이 과밀해져서 도저히 이대로는 안 되겠으니 방법을 강구할 수밖에 없었고, 그 해결책이 사람이 교대로 죽어 일정 인원을 초과하지 않도록 하는 것이다.

그런데 이 방법은 더 이상의 생산 없이 세상의 인원이 그대로 유지되는 경우에나 가능한 해법이다. 그러니 코요테라는 훼방꾼이 나서지 않을 수 없다. 코요테를 원망하도록 설정해 놓았지만, 실상은 교대로 죽는 것만으로는 세상의 혼돈을 해결할 수 없기에 코요테가 악역을 맡아 죽음이 생겨나도록 한 것이다.

북극에 사는 이누이트Inuit족의 신화에서는 사람이 죽지 않고 끊임없이 재생하여 영원히 사니 큰 혼돈이 생겨 결국은 죽음이 도래할 수밖에 없었다고 설명한다.

　　원래 사람은 죽지 않았다. 사람은 늙어가다가도 어느 시점이 되면 다시 젊어졌다. 사람들은 계속해서 아이를 낳아서 세상에는 사람들이 점점 많아지게 되었다. 그러자 땅덩어리는 너무 많은 사람들로 가득 차 신음하기 시작했다. 그러나 아무도 이 신음소리를 듣지 못했다. 오직 나이 든 노파 하나만이 세상에 사람이 너무 많아 땅이 균형을 잃고 바닷속으로 점점 기울어지고 있다는 사실을 알게 되었다.

　　노파는 사람들에게 "세상이 기울어지고 있어요. 뭔가 조치를 취하지 않으면 우리 모두 바닷속으로 가라앉고 말 거예요." 하고 외쳤다.

　　하지만 사람들은 들은 척도 하지 않았고, 일상적인 생활을 할 뿐이었다. 노파는 세 명의 신을 찾아 도움을 청했다. 공기의 여신, 바다의 여신, 달의 여신에게 이 세상에 닥칠 재앙을 막아달라고 간청했다. 세 명의 여신은 서로 모여 상의한 결과 죽음을 인간에게 보내기로 결정했다.

　　먼저 공기의 여신은 세상에 큰 바람을 불러왔다. 바다의 여신은 큰 파도와 풍랑을 일으켜 인간을 휩쓸어 버렸다. 결정적으로 달의 여신은 인간에게 질병과 전쟁을 보냈다. 그러자 수많은 인간이 죽음을 맞이했고, 얼마 후 땅은 균형을 되찾았다. 하지만 그때 보낸 죽음을 되돌리지 않아 지금까지도 죽음이 세상에 남아서 사람들을 죽게 한다.[10]

　　이 신화 또한 세상에 죽음이 없어서 야기되는 혼돈 상황을 잘 제시해 주고 있다. 인디언 신화나 이누이트족 신화는 죽음에 대한 인간 사고의 상충된 인식에 관한 딜레마를 잘 보여준다.

죽음기원신화에는 인간이 죽지 않고 영생하기를 바라는 기본적인 심리와 이에 따라 생기는 세상의 혼란이라는 두 가지 사고의 대립으로 오랫동안 사람들이 고민한 흔적이 잘 담겨 있다. 죽음이 없어서 생긴 혼란을 인간이 교대로 죽게 하면서 영생을 갈구해 보지만 그마저도 현실적이지 않으니 결국 죽음을 선택할 수밖에 없다는 것이다.

죽음이 없는 세상을 가정하고 거기서 생기는 문제점을 해결하려고 다양한 가능성을 열어두지만 뜻대로 되지 않자 결국은 죽음의 당위성을 찾는 형태로 나아간다. 죽음이 없어서 생긴 혼란은 죽음이 답이라는 것을 한층 발달된 신화적 인식 태도로 풀어내고 있다.

어린이가 노인보다 먼저 죽는 까닭은

세상에 죽음이 생겨났다. 그렇다면 그다음으로 제기되는 문제는 바로 '사람은 왜 나이 순서대로 차례차례 죽지 않는가'이다. 이런 의문에는 순서 없는 죽음이 불공평하다는 인식이 바탕에 깔려 있다.

필리핀에는 노인들이 먼저 죽을 수밖에 없는 이유를 설명하는 신화가 있다.

> 어느 순간 이 세상에 사람들이 너무 많아져 먹을거리가 부족해졌다.
> 죽음이 찾아오자 젊은이들은 재빨리 산으로 도망쳐 올라갔다. 하지만
> 노인들은 느렸기에 죽음을 당해야만 했다.[11]

이 신화에서도 역시 세상에 사람이 너무 많아서 혼돈스러워지자 죽음이 찾아왔다고 한다. 그런데 죽음이 젊은이보다 노인에게 가까이 있음을 나름 합리적으로 설명하는 신화여서 흥미롭다.

죽음과 부활의 가면. 젊은이와 노인, 해골의 형상을 겹치도록 표현하여 인간의 탄생, 늙음, 죽음, 그리고 재생을 통한 부활이 이어지도록 상징화한 마야문명의 가면이다. 가면은 여닫는 형태로 되어있다. 중남미문화원 소장

이 신화에서처럼 늙은 순서대로 죽음이 인간에게 찾아온다면 그나마 무슨 불만이 있겠는가? 하지만 현실은 그렇지 않다. 노인뿐만 아니라 젊은이도 죽고, 심지어 어린아이까지도 죽는다. 인간의 죽음에는 순서가 없다.

그래서 사람들은 죽음이라는 현상에 대해 "왜 나이 순서대로 죽지 않느냐"며 불만을 갖는다. 어린아이나 젊은이가 죽으면 안타까워하며 하늘을 원망한다. 또 "나 같은 늙은이를 데려가지 저리도 꽃다운 젊은이를 데려가느냐"며 탄식하기도 한다. 이렇듯 사람들은 순서 없는 죽음이 불공평하다고 생각한다. 특히 예기치 못한 죽음에 당황해

하고 고통스러워한다.

차라리 태어난 순서대로 죽음을 맞이한다면 죽음에 대한 인간의 불만이 훨씬 줄어들 텐데 현실은 그렇지 못하다. 그래서 이런 불공평함과 안타까움을 어떻게든 신화가 해명해 주길 바란다.

신화에서는 순서 없는 죽음을 신의 탓으로 돌리지는 않는다. 신과 인간의 매개자, 곧 신의 뜻을 전달하는 사자가 이를 잘못 전달하면서 죽음에 순서가 없어졌다고 말한다. 죽음에 순서가 없는 것은 신이 의도한 바가 아니라는 것이다.

그런데 죽음에 순서가 없어진 까닭을 이야기하는 신화는 그다지 많지 않다.[12] 앞서 소개한 중국 이족의 죽음기원신화에 이런 내용이 나타나고 있고, 중국의 또 다른 소수민족인 하니족哈尼族의 신화에서도 이런 신화적 관념을 찾아볼 수 있다.

다음 하니족의 죽음기원신화는 세상에 죽음이 어떻게 출현하였고 죽음에는 왜 순서가 없는지 그 까닭을 잘 설명하고 있다.

아득한 옛날에는 '장생불사'長生不死라는 것이 없었다. 그래서 하늘과 땅, 해와 달, 곡식, 해年, 물, 나무, 사람 등 아홉 신이 모두 죽을 운명에 놓이게 되었다. 아홉 신들은 우두머리 신인 옌사烟沙를 찾아가서 그 문제를 해결해 달라고 부탁했다.

옌사는 아무리 골똘히 생각해도 해답을 찾을 수 없었다. 그래서 할 수 없이 어머니 아비메이옌阿匹美烟 여신을 찾아갔다. 아비메이옌은 생각 끝에 영원히 죽지 않는 아홉 명의 처녀를 만들어 아홉 신에게 보내주었다. 이 처녀들과 혼인한 자들은 모두 장생불사하며 죽지 않을 수 있었다.

그러자 세상은 변했다. 곡식은 아무리 베어도 계속 자랐고, 강물은 마르지 않고 끊임없이 흘렀다. 세월도 영원히 흘렀고, 꽃과 나무도 언제나 푸르렀다. 세상 사람들도 영원히 살 수 있게 되었다.

그런데 영원히 살게 되면 행복할 것이라고 생각했던 사람들에게 문제가 생겼다. 그들이 결합해 낳은 후손들이 모두 장생불사하며 죽지 않는 것이었다. 갈수록 노인이 늘어났지만 영원히 죽지 않다 보니 1천 살이 넘은 노인들이 즐비했다. 그래서 후손들은 해가 뜨면 힘없는 노인들을 모시고 나와 햇볕을 쬐게 하고, 해가 지면 집으로 모시고 돌아와야 했다. 시간이 지날수록 젊은이들은 지쳐갔고, 노인들은 마치 장작더미처럼 햇살 아래 쌓여만 갔다.

그렇게 오랜 시간이 지나자 노인들의 귀에서는 목이버섯이, 몸에서는 풀이 자라났다. 노인들은 고통스러웠지만 모두들 죽지 않는 불사의 존재였기 때문에 그 고통을 고스란히 견디면서 살아갈 수밖에 없었다.

그러던 어느 날 한 사냥꾼이 사냥을 하러 갔다가 늙은 원숭이 한 마리를 잡게 되었다. 사냥꾼은 늙은 원숭이의 주름진 피부를 보자 죽지도 못하고 계속 살아야 하는 노인들의 고통이 생각나 마음이 아팠다. 그래서 차마 원숭이고기를 먹지 못하고 원숭이의 장례식을 치러주기로 했다.

목수를 불러 관을 짜게 했고, 하니족의 무당인 베이마貝瑪에게 경을 읊도록 했다. 장례를 치르면서 많은 하니족 사람들이 슬피 울자 그 울음소리가 하늘에까지 가 닿았다.

옌사는 그것이 무슨 소리인지 매와 메뚜기, 파리를 차례로 내려보내 알아보도록 했다. 매와 메뚜기는 무슨 사정인지 알아 오지 못했지만, 파리는 그 사정을 알아 와서 신에게 그대로 보고했다. 그 일로 매와 메뚜기는 하늘에서 쫓겨났고, 파리는 그것을 알아온 공로를 인정받아 제사

음식을 비롯한 그 어떤 음식이든 원하는 것을 먹어도 된다는 허락을 받게 된다.

옌사는 그 소리가 인간들이 장례식을 치르면서 내는 울음소리라는 것을 알고는 크게 화를 냈다. 자신의 허락을 받지 않고 장례를 치른 주동자를 괘씸히 여겨 사냥꾼과 무당, 목수를 잡아 오도록 명령했다.

하늘로 잡혀간 사냥꾼은 옌사에게 원숭이의 장례식을 치러준 이유를 설명했다. 옌사는 그 말에 귀를 기울였다. 그리고 마침내 마음을 바꿔 고통에 시달리는 노인들에게 죽음을 주도록 결정했고, 또 장례식을 치러도 좋다고 허락해 주었다. 물론 다른 생물들의 죽음도 함께 허락했다. 하지만 노인의 죽음만 허락했을 뿐 젊은이의 죽음은 허락하지 않았다.

그런데 옌사의 허락을 받고 좋아하면서 지상으로 돌아오던 사냥꾼 일행은 그만 신이 한 말의 내용을 잊어버리고 말았다. 그래서 그길로 옌사에게 되돌아가서 죽음에 대한 결정을 다시 한번 이야기해 달라고 요청했다. 하지만 옌사는 귀찮았다. 그래서 "너희들이 기억하는 대로 이야기하면 되지 않느냐."라며 이야기해 주지 않았다.

그들은 지상으로 내려오면서 옌사가 했던 말을 곰곰이 생각해 봤지만 누구는 죽어도 되고 누구는 죽으면 안 된다고 했는지 기억이 나지 않았다. 그래서 지상으로 돌아와서는 "노인이든 젊은이든 인간이면 누구나 죽어도 된다."라고 전했다. 그래서 그때부터 인간은 남녀노소 구분 없이 누구나 죽게 되었다고 한다.[13]

본래는 아주 장편의 이야기인데, '죽음의 기원' 위주로 내용을 축약해서 정리했다. 핵심은 단순하다. 인간이 죽지 않고 영원히 살아가니 세상에 문제가 생겼고, 그래서 결국 신이 인간에게 죽음을 부여한다.

그런데 신이 본래는 노인만 죽도록 했지만 전달자가 그만 그 내용을 잊어버려 말을 잘못 전달하면서 죽음에 순서가 없어졌다는 것이다. 즉, 죽음에 순서가 없는 것은 신의 책임이 아니다. 신의 뜻과는 달리 왜곡된 말이 전해지면서 죽음에 순서가 없어진 것이니 신을 원망하지 말고 순순히 받아들이라는 것이다.

　제주도에도 죽음에 순서가 없어진 까닭을 설명하는 신화가 있다. 〈차사본풀이〉라는 무속 신화에서는 본래 신은 인간에게 일정한 시기, 곧 사람의 머리가 희어지면 차례로 죽도록 배려했다고 한다. 하지만 까마귀가 이 사실을 잘못 전달하는 바람에 죽음에 순서가 없어졌다고 한다. 신의 의지가 아니라 신의 뜻을 전달하는 자의 실수로 순서가 없는 불공평한 죽음이 인간에게 생겨났다는 것이다.

　〈차사본풀이〉의 내용은 다음과 같다.

　　염라대왕이 여자는 70세, 남자는 80세를 정명定命으로 정해 나이 순서대로 저승에 데려오도록 했다. 강림차사가 그 명을 받아 인간의 수명을 적은 적패지를 가지고 세상에 내려오는데, 까마귀가 나타나 자신이 적패지를 대신 전하겠다고 했다. 강림차사는 별다른 생각 없이 그것을 까마귀에게 넘겨주었다. 그런데 세상에 내려온 까마귀는 말고기를 한 점 얻어먹으려고 나뭇가지에 앉아 기다리다가 그만 적패지를 떨어뜨리고 만다. 땅에 떨어진 적패지를 마침 그곳에 있던 뱀이 날름 주워 먹었고, 그 뒤로 뱀은 아홉 번 죽어도 열 번 되살아나게 되었다.

　　한편 적패지를 잃어버린 까마귀는 "아이 올 때 어른 와라. 어른 올 때 아이 와라."라고 멋대로 외치고 다녔다. 그 바람에 인간은 나이 순서와

한국의 죽음기원신화인 제주도 〈차사본풀이〉에 등장하는 인간의 수명을 적은 적패지. 까마귀가 전하다가 잃어버려 죽음에 순서가 없어졌다고 한다.

적패지를 허리에 차고 굿을 하고 있는 제주도 심방의 모습

상관없이 죽게 되었고, 이때부터 까마귀가 울면 사람이 죽거나 불길한 일이 일어난다고 믿게 되었다.[14]

〈차사본풀이〉는 죽음기원신화의 성격을 지닌다. 그런데 인간이 왜 죽게 되었는가 하는 것은 빠진 채, 죽음에 순서가 없어진 원인을 밝히는 내용으로만 되어 있는 것이 특징이다. 엄밀히 말하면 죽음기원신화라기보다는 죽음에 순서가 없어진 까닭을 밝히는 신화라고 할 수 있다.

하지만 여타 죽음기원신화에 견주어 볼 때 〈차사본풀이〉가 죽음기원신화의 성격을 지닌 것만은 분명하다. 신이 내린 인간 수명을 잘못 전달하는 존재로 새가 등장하는 형태라든가 뱀이 수명과 관련된 증표를 먹어치워 재생을 거듭하는 동물로 설정된 것은 다른 죽음기원신화의 틀과 크게 다르지 않다. 특히 뱀이 허물을 벗는 동물이라는 점에서 재생의 동물로 인식되어 영생을 누리는 존재로 형상화되는 것 또한 보편적인 죽음기원신화의 공식 중 하나이다.

죽음기원신화는 일반적으로 두 가지 의문이 중심이 된다. 하나는 '인간에게 죽음이 왜 생겨났는가'이고, 다른 하나는 '죽음에는 왜 순서가 없는가'이다. 두 가지 의문 중 죽음이 생긴 까닭에 초점을 두는 신화가 다수를 차지한다. 그리고 죽음이 인간에게 생겨난 데는 신의 의지와 다르게 신의 말씀을 전하는 전령의 잘못 때문이라는 내용이 많다. 죽음이 부여되는 것도 그렇고, 죽음에 순서가 없어진 과정 또한 중간에서 전달하는 과정상의 오류 때문이라고 한다. 신은 인간에게 죽음을 부여한 책임에서 살짝 비껴나 있다.

돌과 바나나, 당신의 선택은

죽음은 신의 뜻인가 인간의 뜻인가.

죽음기원신화에서 다루는 중심 소재 가운데 하나이다. 다수의 신화가 '인간의 뜻'이라는 데에 손을 들어주는 편이다.

신은 본래 인간에게 죽음을 주려고 하지 않았다. 죽음기원신화 중에는 신이 의도한 바와 다른 상황이 전개되면서 죽음이 인간에게 주어졌다고 하는 신화가 많은데, 이보다 한 걸음 더 나아가 신이 인간에게 죽음을 선택할 수 있는 기회를 주는 신화도 있다. 이 또한 죽음의 탄생을 인간의 뜻으로 돌리는 신화의 한 형태이다.

인도네시아에는 신이 인간에게 돌과 바나나를 내려주면서 그중 어떤 것을 식량으로 삼을 것인지 묻고, 선택한 결과에 따라 죽음이 생겨났다는 신화가 있다.

세상이 창조되던 무렵 하늘과 땅은 아주 가까이 있었다. 어느 날 신은 밧줄에 돌을 매달아 인간에게 내려보냈다. 하지만 인간은 돌을 좋아하지 않았다. 다음에는 바나나를 매달아 땅으로 내려보냈다. 바나나는 먹을 수 있는 것이었기에 "이것은 좋다."라며 기뻐했다.

그러자 신이 말하길 "너희들은 식량으로 돌이 아닌 바나나를 선택했다. 너희가 만약 돌을 선택했다면 돌처럼 영원한 생명을 얻었을 텐데, 바나나를 선택하여 너희는 이제 죽게 될 것이다."라고 했다. 이런 까닭에 인간은 영생이 아닌 죽음을 얻게 되었다.[15]

세계 여러 신화에서 신은 인간에게 애초부터 영생을 부여하거나 영생을 얻을 기회를 부여한다. 하지만 번번이 신의 그런 의도는 뜻대로 이루어지지 않는다.

위의 신화는 인도네시아 술라웨시Celebes섬[16]에서 전하는 죽음기원 신화로, 인간에게 죽음이 필요한가를 묻는 방식의 변형이라고 할 수 있다. 인간이 죽음을 선택하느냐 마느냐의 문제를 돌과 바나나에 빗대어 상징화하고 있다. 여기서 돌은 인간의 영원한 생명을 상징하고, 바나나는 유한한 생명, 곧 죽음을 상징한다. 그중에서 인간은 바나나를 선택함으로써 죽게 되었고, 죽음이 이 세상에 생겨났다고 말한다. 무엇을 식량으로 삼을 것인가를 은유적으로 묻는 방식이어서 죽음이 없어서 생기는 세상의 혼돈 같은 것은 제시할 필요가 없다.

한편 인도네시아 수마트라Sumatra섬 서쪽에 있는 니아스Nias섬 주민 사이에 전해오는 다음 신화는 인간이 왜 뱀처럼 허물을 벗으며 영원히 살지 못하게 되었는가를 설명하고 있다.

세상이 처음 창조되었을 때 하늘에서는 어떤 존재를 내려보내 창조 작업의 마무리를 시켰다. 그는 지상에 머무는 동안 단식을 하라는 명을 받았으나 배고픈 고통을 견디지 못하고 바나나 몇 개를 먹고 말았다. 그런데 그가 바나나를 선택한 것은 불운한 결과를 낳았다.

그가 만약 강에 사는 게를 먹었다면 인간은 게처럼 껍질을 벗고 영원히 젊음을 되찾으며 죽지 않았을 텐데, 그가 바나나를 먹음으로써 인간은 바나나처럼 오래 살지 못하고 죽음을 맞게 되었다.

니아스섬 사람들은 뱀이 게를 먹이로 삼으면서 허물을 벗고 계속 회춘하며 죽지 않는 동물이 되었다고 믿는다.[17]

이렇듯 니아스섬에서 전하는 이 신화에서도 인간은 껍질을 벗어버리며 재생하는 게와 같이 허물을 벗으면서 영생을 누릴 기회가 있었으나 바나나를 식량으로 선택하면서 오래 살지 못하고 죽음을 얻게 되었다고 한다. 앞서 소개한 술라웨시섬 신화와 공통점이 있으면서도 그 나름의 차이가 있다.

죽음기원신화 중에는 인간이 노쇠해지면 허물을 벗어버리고 젊음을 되찾으며 영생했으나 그것이 중단되면서 죽게 되었다는 신화가 있다. 그런데 니아스섬 신화에서는 식량을 잘못 선택해서 재생을 통한 영생을 누릴 기회마저도 잃어버렸다고 한다.

이처럼 인간이 자신의 잘못된 선택으로 죽음을 갖는 유한한 존재가 되었다는 이야기는 술라웨시섬 중부 산악지대에 사는 토라자Toradja 족에게도 전한다. 이 신화에서는 한 가지 선택사항을 더 두어 좀 더 복잡하게 인간이 죽음을 선택하도록 한다.

태초에 신이 인간과 동물의 운명을 결정할 목적으로 회의를 소집했다. 신이 제시한 운명을 결정짓는 항목 가운데에는 '우리는 낡은 껍질을 벗어버린다.'라는 것이 있었다. 그런데 인간은 불행하게도 이러한 중요한 자리에 망령이 든 노파를 내보냈는데, 이 노파는 그만 영생을 누릴 수 있는 제안을 무심코 지나치고 말았다. 그렇지만 뱀, 새우, 게 등은 그 제안을 선택해서 주기적으로 껍질을 벗어버리면서 영원한 생명을 얻을 수 있게 되었다.[18]

신은 인간에게 단순히 식량을 선택하도록 해서 영원한 생명 또는 죽음을 부여하는 역할만 하는 것이 아니라 영생을 주고자 나름의 장치를 마련해 놓고 있다. 신은 인간에게 영원히 살 수 있는 기회를 부여했으니 인간은 이를 선택하기만 하면 되는데 그러지 않았다. 즉, 인간 스스로 영생을 포기한 셈이다. 더구나 뱀처럼 허물을 벗는 동물들은 그것을 선택했기에 껍질을 벗어버리면서 영생을 누리게 되었다고 하면서 영생의 기회를 놓친 인간과 대비되는 모습을 보여준다. 그렇기에 이들 신화에서 인간에게 죽음이 생겨난 것은 완전히 인간의 책임이 되고 말았다.

죽음이 생겼으니 이제는 수명을 정할 차례

인간에게 죽음이 내려졌다. 신이 원했든 원하지 않았든, 인간이 바랐든 바라지 않았든 간에. 죽음이 생기자 이제는 언제 죽게 할 것인가 하는 문제가 뒤따랐다. 그래서 신은 다음 작업으로 세상 만물을 불러 놓고 수명을 정해준다.

옛날 태양이 세상의 모든 피조물을 불러 모았다. 거의 다 서둘러 왔지만 멀리 떨어져 있던 사람은 그 명령을 따르지 못했다. 태양은 그때 찾아온 것들에게 죽지 않고 영원히 사는 선물을 주었다. 하지만 사람은 그 자리에 없었기에 이 선물을 받지 못했고, 그래서 사람은 그 이후로 죽어야만 했다.

사람 이외의 다른 것들은 영원히 살 수 있게 되었다. 돌과 바위는 그 형태를 그대로 유지하면서 살아 있게 되었고, 바다도 항상 그 모습 그대로이며, 별도 영원히 만물 위에 떠 있다. 뱀 또한 계속 허물을 벗으면서 죽지 않고 계속해서 살 수 있었다. 만약 사람도 신에게 순종적이었다면

뱀과 같이 허물을 벗으면서 영원히 살았을 것이다.[19]

파푸아뉴기니 뉴브리튼섬 바이닝Baining족에게 전승되는 죽음기원신화이다. 이 신화는 신이 일방적으로 죽음을 부여하는 형태 또는 인간의 뜻을 물어 죽음을 부여하는 형태의 죽음기원신화와는 다소 차이가 있다.

태양이 신의 역할을 하는 것은 별 문제가 되지 않는다. 인간에게 죽음을 부여하는 데 해나 달이 그 주체가 되는 경우가 적지 않기 때문이다. 다만 창조주가 세상 만물을 불러놓고 생명과 죽음을 나눠주는 형식이 흥미롭다. 이것은 단지 인간을 죽게 하느냐 아니면 영원히 살게 하느냐의 단순 논리 그 이상의 담론을 담고 있기 때문이다. 곧 신이 세상 만물 하나하나에 어떤 생명을 주었는가를 문제 삼고 있다.

이 신화에서는 영원히 살거나 죽는 이분법적 구도로 설정되어 있지만 이런 사고가 좀 더 나아가면 이제 세상에 죽음이 생겼으니 얼마나 살게 할 것인가 하는 문제를 암묵적으로 제기한다. 실제 비슷한 형식으로 죽음이 생긴 상태에서 신이 만물을 불러놓고 각각의 사물에 그 수명을 정해주는 신화가 있다.

중국 서남부 윈난성에는 유명 관광지인 리장麗江이라는 아름다운 도시가 있다. 그곳에 나시족納西族이 살고 있다. 지금까지도 상형문자를 보유하고 전승하고 있어 세간의 주목을 받는 소수민족이다. 나시족에게 전승되는 창세신화에는 동신東神이라는 최고신이 세상 만물에 수명을 정해서 나눠주는 이야기가 담겨 있다.

나시족들의 생활 터전인 리장 고성의 모습. 나시족은 아직까지도 상형문자를 사용하고 있다.

　　세상 만물에게 수명을 주는 날, 동신은 나시족의 조상 총런리언從忍利恩
에게 미리 귀띔을 해주었다.

　　"내일은 세상 만물에 수명을 나눠줄 거야. 그러니까 깊이 잠들지 말
거라. 가시나무 가지를 이불로 삼고, 돌을 베개로 삼고 자야 일찍 일어
날 수 있단다."

　　하지만 총런리언은 담요를 깔고 편안한 이부자리에서 푹 자느라 신
의 부름을 듣지 못했다.

　　결국 밤새도록 잠을 자지 않은 돌이 1억 년의 수명을 받았고, 흐르는

물과 나무는 1천 년의 수명을 받았으며, 늦게 도착한 총런리언은 120년의 수명을 받았다.

신의 말씀에 귀 기울이지 않는 인간에게 그래도 120년의 수명을 준 것은 동신이 너그러운 천신이었기 때문이다.[20]

최고신이 세상 만물을 불러모아 생명과 죽음을 나눠준다고 하는 방식은 동일하지만 여기서는 더 이상 죽음의 기원을 말하지 않는다. 이미 죽음이 존재하기에 이제는 삶과 죽음이 문제가 아니라 얼마나 살다가 죽게 할 것인가가 문제이다.

죽음기원신화를 보면 신은 인간에게 참으로 너그럽다. 죽음을 내릴 때에도 마지못해서 내리는 경우가 대부분이다. 신의 뜻과는 다르게 인간에게 죽음이 부여되는 경우가 많으며, 설령 어쩔 수 없이 죽음을 부여한다고 하더라도 죽음의 순서만은 공정하게 계획한다. 하지만 그마저도 전달자의 실수 때문에 의지대로 되지 않아 죽음에 순서가 없어졌다.

인간에게 수명을 나눠주는 위의 신화에서도 이러한 면모가 드러난다. 신은 인간에게 최대한의 수명을 보장해 주려고 인간을 미리 불러 귀띔해 주며 적극적으로 인간의 편을 든다. 하지만 그마저도 실패하니 신은 인간이 얻을 수 있는 최대한의 수명을 배려했다고 신화는 말한다.

죽음기원신화들을 보면 신은 인간에게 우호적이며, 인간이 신을 원망하지 않도록 많은 장치를 해두고 있음을 알 수 있다. 죽음은 필연적인 현상이니 받아들여야 하지만 사실 인간에게 가장 두렵고 원망스러울 수밖에 없는 현상이다. 이를 신의 탓으로 돌리고 원망만 한다면 죽음에 대한 두려움은 누구에게서 위안을 얻겠는가? 비록 죽음을 내리긴 했지만 인간을 배려하는 신이 항상 곁에 있으니 그것으로 위안을 삼으라고 이들 신화는 말한다. 원하지 않는 죽음을 받아든 인간에게 신의 세심한 배려는 인간을 달래기 위한 신화적 장치인 셈이다.

죽음을 가져다준 동물

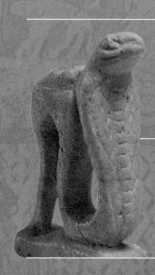

죽음을 전하는 뱀과 카멜레온

개, 사람을 죽음으로 이끌다

신의 의지를 왜곡해 죽음을 가져다준 새

달은 영생을, 토끼는 죽음을

제주도의 〈차사본풀이〉에서는 까마귀와 뱀, 두 동물이 인간에게 죽음을 가져다주는 데 관여한다. 강림차사가 인간의 수명을 적은 적패지를 가지고 가다가 까마귀에게 맡긴다. 그런데 까마귀가 이를 잃어버리고 "아이 올 때 어른 와라. 어른 올 때 아이 와라."라고 멋대로 외치고 다니는 바람에 죽음의 순서가 뒤죽박죽되고 만다. 그리고 그 적패지를 뱀이 주워 먹으면서 뱀은 계속 허물을 벗으면서 영생을 누리는 동물로 거듭난다.

죽음기원신화에는 이렇듯 죽음과 관련된 신이나 하늘의 뜻을 인간에게 전달해 주는 전령이 흔히 설정된다. 대체로 동물이 그 역할을 수행한다. 이처럼 동물이 신의 뜻을 전하는 신화는 아프리카를 중심으로 세계 신화에서 두루 찾아볼 수 있는데, 뱀, 카멜레온, 개, 새, 토끼 등이 전령으로 등장한다.

이 동물들은 신이 인간에게 내린 죽음에 대한 말씀을 온전히 전달하지 못하거나 왜곡해서 전달하여 결과적으로 인간에게 죽음을 가져다준다. 때로는 인간 죽음의 순서를 없애기도 한다. 물론 개중에는 인간을 돕거나 이롭게 하고자 애쓰는 동물도 있지만, 결국은 그 의지가 반영되지 못하면서 지금처럼 죽음이 인간 세계에 상존하게 되었다.

세상이 창조된 지 얼마 되지 않았을 때였다.

창조주인 신이 인간을 영원히 살게 할 것인가 죽게 할 것인가 고심하다가 결국 영생을 내려주기로 결정하고, 진실을 전하는 동물인 카멜레온을 불러 인간에게 "너희들은 영원히 죽지 않을 것이다."라고 전하게 했다. 카멜레온이 길을 떠나 인간 세계로 가던 도중 아름다운 꽃이 가득 핀 것을 보고 꽃을 따서 머리에 쓰는 장식을 만들려고 하다가 자신이 해야 할 임무를 그만 잊고 말았다. 밤늦게 인간이 사는 곳에 도착해서 보니, 인간이 모두 슬픔에 잠겨 있었다.

카멜레온은 무슨 일 때문에 그렇게 슬퍼하는지 물었다. 인간은 "신이 인간에게 죽음을 내리기로 결정했답니다. 인간은 언젠가는 죽을 수밖에 없다고 하네요."라고 대답했다.

카멜레온은 깜짝 놀라며 "신은 반대로 결정했습니다. 나는 인간이 죽지 않는다는 신의 전갈을 전하러 왔어요."라고 했다. 하지만 인간은 "오후에 뱀이 전갈을 가져왔어요. 신이 인간을 죽게 했다고 하네요. 뱀이 전한 말 때문에 이미 한 사람이 죽었습니다."라고 했다.

카멜레온은 신에게 돌아가 그 사실을 보고하자 신은 크게 화를 냈다. 뱀에게 "거짓말을 전한 벌로 길가에 기어다니다가 인간에게 죽임을 당하리라." 하며 벌을 내렸고, 늑장을 부린 카멜레온에게도 똑같은 벌을 내려 길가의 카멜레온도 인간에게 발견되면 뱀처럼 죽임을 당하도록 했다.[1]

뱀은 신의 뜻을 잘못 전달해서 인간에게 죽음을 가져다주거나 신이 인간에게 부여한 재생을 통한 영생의 기회를 빼앗는 동물로 죽음기원신화에 등장한다. 국립민속박물관 소장

뱀은 《성서》에서 아담과 하와를 유혹해 에덴동산에서 쫓겨나게 만든 사악한 동물인데, 이 신화에서도 신의 말씀을 거짓으로 전해 인간에게 죽음이 생기도록 만든다.

죽음기원신화에서 뱀은 두 가지 모습으로 등장한다. 하나는 신의 뜻을 왜곡해서 전달하여 인간에게 죽음을 가져다주는 역할을 하며, 다른 하나는 신이 인간에게 내린 영원한 생명을 가로채거나 대신 가져가는 동물로 설정된다. 모두 인간에게는 긍정적이지 못하다. 뱀은 좁은 굴이나 음지에 서식하며 주로 인간에게 해를 끼치는 사악한 존재라는 인식이 강해 인간에게 죽음을 가져다주는 동물로 설정된다. 그런가 하면 허물을 벗는 뱀의 생리적 속성 때문에 거듭 재생하는 동

죽음기원신화에서 뱀은 인간에게 죽음을 가져다주고 영생을 가로채지만, 이집트에서는 뱀이 재생과 풍요를 가져다준다고 믿었으며 왕권을 상징하기도 했다. 메트로폴리탄박물관 소장

제 2 장 죽음을 가져다준 동물

물이라는 관념이 있어 인간을 대신해 영생을 부여받는 동물로 설정하기도 한다.

한편 카멜레온도 뱀과 더불어 인간에게 죽음을 가져다주는 동물로 설정된다. 카멜레온은 주로 아프리카, 스페인 남부, 터키, 인도 등지에 서식한다. 두 눈이 독립적으로 움직여 동시에 다른 방향을 볼 수 있고, 환경에 따라 몸 색깔을 변화시킬 수 있는 신체적 특징을 지닌 동물이다. 아프리카에서는 이런 카멜레온을 신비한 동물로 여겨 일부 부족은 숭배의 대상으로 삼기도 하지만, 한편으로는 죽음의 사자로 여겨 사람들 앞에 나타나면 죽여버리기도 한다.[2]

이런 신체적 특징 및 문화적 배경이 특히 아프리카에서는 카멜레온을 인간에게 죽음을 가져다주는 동물로 등장시키는 배경이 된다. 그런데 카멜레온은 죽음을 가져다주는 것에 덧붙여 죽음의 순서를 없앤 동물로 나타나기도 해서 신화에서는 지탄받는 대상이 된다.

본래 세상에서는 아무도 죽지 않았다. 다만 태양신의 아들만이 매일 다시 태어나기 위해 사라졌다가 나타날 뿐이었다. 사람들은 태양신에게 닭이나 돼지와 같은 제물을 바치기 위해 태양의 나라를 오르내려야 했는데, 시간이 흐르자 그렇게 하는 것이 귀찮고 지치기 시작했다.

그러던 어느 날 사람들이 태양의 나라로 가지 말고 태양신이 사람 있는 곳으로 오도록 하자고 의견을 모았다. 그러고는 쥐 한 마리를 죽이고 쥐의 장례식이 있으니 모두 참석하라고 세상에 알렸다. 하지만 태양신은 방문하지 않았다. 사람들은 이번에는 줄무늬 다람쥐를 죽이고 멍석으로 말아 사람이 죽은 것처럼 꾸몄다. 그리고 불을 피워 장례식을 치른다는 것을 알리고 죽음의 춤을 추기 시작했다. 이 소식이 하늘에 전해졌다.

　태양신은 "사람은 죽지 않는데, 저 소란스러운 장례식은 무엇이지?" 하고 의아해하며 아들을 땅으로 내려보내 장례식에 참석하도록 했다. 태양신의 아들은 사람들과 어울려 춤을 추며 장례의식에 참여했지만 죽은 사람은 보지 못했다고 보고했다.

　태양신은 이상하다고 여겨 다시금 아들에게 멍석 속에 진짜 사람이 죽어 있는지 확인하고 오라고 했다. 태양신의 아들은 발에 밀랍을 바르고 가서 멍석을 발에 붙게 해서 슬쩍 들춰보니 안에는 사람이 아닌 줄무늬 다람쥐가 죽어 있었다. 그는 곧바로 돌아가 아버지에게 그 사실을 알렸다.

　태양신은 그 상황을 듣고는 "사람들은 죽고 싶어 하는구나. 그러면 백발이 된 사람은 더 이상 살 수 없도록 하겠다."라고 했다.

　이렇게 해서 나이 든 사람은 죽음을 맞게 되었고, 땅 위에는 그들의 죽음을 안타까워하며 통곡하는 소리가 가득 찼다. 그 뒤부터 사람들은 노인이 죽을 때마다 크게 장례를 치르고 춤을 췄으며, 닭과 돼지, 물소를 잡고 돼지머리를 죽은 이의 영혼에 제물로 바쳤다.

　어느 날 카멜레온이 장례식을 지켜보다가 죽은 이의 살점을 몰래 떼어내 맛을 보았는데 아주 맛있었다. 카멜레온은 흡족해하면서 "더 많은 고기를 먹으려면 흰머리를 가진 사람만 죽어서는 안 되고 검은 머리를 가진 사람도 같이 죽도록 해야 해."라고 말해버렸다. 그때부터 노인뿐만 아니라 젊은이도 죽게 되었다.

　그 사실을 알고 사람들은 카멜레온을 발견하는 대로 죽여버려서 카멜레온은 사람들을 피해 다닌다.[3]

이 신화는 앞서 제시한 중국 하니족의 죽음기원신화와 여러모로 비슷하다. 죽음을 관장하는 신이 태양으로 설정되어 있기는 하지만, 본래 세상에 죽음이 없었고, 이전에는 없던 장례식을 일부러 꾸며 신의 확인을 받는 과정이 있으며, 신은 그것을 계기로 인간이 죽음을 원한다는 것을 알고 죽음을 부여하는 과정이 동일하게 나타난다.

아울러 신은 백발이 된 사람만 죽음의 세계로 오도록 정했지만 카멜레온이 죽은 이의 고기 맛을 보면서 더 많은 고기를 먹기 위해 젊은 이도 죽도록 농간을 부리고, 그 때문에 인간의 죽음에 순서가 없어졌다는 것 또한 흡사하다.

위의 죽음기원신화에서는 엄밀히 말해 카멜레온이 인간에게 죽음을 가져다주는 것은 아니다. 제주도 〈차사본풀이〉의 까마귀가 그랬던 것처럼 죽음의 순서를 없애는 역할을 하고 있다. 뱀과 카멜레온은 모두 음습한 곳에 서식하는 생태적 속성 때문에 인간에게 죽음을 가져다주는 동물로 등장한다. 그렇지만 차이도 있는데, 뱀은 주로 인간이 가질 수도 있었던 영생을 가로채는 동물로 인식되는 반면, 카멜레온은 죽음의 순서를 없애는 역할을 하는 동물로 나타나고 있다.

개, 사람을 죽음으로 이끌다

인간의 죽음이 개와 관련이 있을까.

이런 질문을 하면 대체로 의아해 할 것이다. 실제로 죽음과 개를 연결해 생각하는 사람은 그다지 많지 않다. 그런데 세계 신화에서 보면 개만큼 죽음의 세계에 맞닿아 있는 동물도 드물다.

이집트 신화를 보자. 아누비스Anubis라는 신이 있다. 망자를 미라 형태로 만들어 사후 세계로 인도하는 신으로, 개자칼의 머리를 가지고 있다. 그리스 신화에도 죽음과 관련해서 개가 중요하게 등장한다. 저승의 문을 지키는 동물이 바로 케르베로스Cerberus라는 머리 셋 달린 개이다.

멕시코의 아즈텍 문화에서는 죽은 사람들이 개의 도움을 받아 저승의 강을 건넌다고 생각한다. 그래서 죽은 사람을 묻을 때 개 한 마리를 함께 묻는다고 한다.[4]

우리 신화에서도 개가 인간을 죽음의 세계로 안내하는 역할을 하는 모습을 찾아볼 수 있다. 제주도의 〈차사본풀이〉를 보면 인간 강림이 저승으로 진입하는 과정에서 강아지의 도움을 받아 헹기못으로 뛰어들어 저승에 도달한다. 또 이승으로 돌아올 때에도 강아지의 인도를 받아서 길을 찾는다.

이렇듯 죽음의 세계로 가는 데 개가 중요한 역할을 하기도 하지만, 아프리카 토고 신화에서는 개로 인해 인간이 영원한 죽음을 맞게 되었다고 말한다.

세상이 막 시작되었을 무렵이다. 창조주가 인간과 동물을 만들어 세상으로 내려보냈지만 세상은 아직 온전히 질서가 잡혀 있지 않았다. 신은 인간이 죽은 후에 어떻게 해야 할지 정하지 못했고, 그래서 인간에게 물어서 결정하기로 했다.

"너희 인간들은 죽은 후 어떻게 되었으면 좋겠느냐?"

하지만 인간들도 어떻게 해야 할지 알지 못했다. 그래서 서로 의논해서 뜻을 모아 신에게 전하기로 했다. 인간들은 오랫동안 논의했지만 서로 완전하게 합의할 수 없었다. 한쪽에서는 죽은 후 일정 시간이 지나면 다시 세상으로 돌아와 살게 하자고 했고, 다른 한쪽은 영원히 죽는 것이 더 좋다고 했다.

양측의 의견이 팽팽하게 맞서 결국 합의를 이루지 못하고 각각 자신들의 의견을 신에게 보내기로 했다. 영원히 죽기를 원하는 쪽에서는 그들의 의견을 전할 동물로 염소를 선택했고, 일정 시간 후에 다시 살아나기를 원하는 쪽에서는 개를 선택했다. 개가 영리하니 인간의 말을 잘 듣고 빨리 달릴 수 있다고 생각해서였다.

저승의 문을 지키는 개 케르베로스와 저승을 여행하는
오르페우스. 보스턴 파인아트뮤지엄 소장

이집트 신화에서 망자를 인도하는 신 아누비스의 형상.
메트로폴리탄박물관 소장

아누비스가 망자를 저승으로 인도해서 심판을 받도록 하는 장면. 영국박물관 소장

제 2 장 죽음을 가져다준 동물

두 동물은 곧바로 길을 떠났다. 영원한 죽음에 반대하는 사람들은 혹시 염소가 먼저 도착할까 봐 길목에 숨어 있다가 염소의 다리를 부러뜨렸다. 염소는 절뚝거리며 열심히 길을 재촉했지만 개와의 거리는 점점 더 벌어졌다.

길을 서둘러 가던 개는 배가 고파 한 마을에 들렀다. 개는 한참 여유가 있다고 생각했다. 그래서 점심을 준비하는 여인을 발견하고는 그 곁에서 음식을 얻어먹으려고 기다렸다. 그러나 개가 음식을 얻는 데까지는 시간이 한참 걸렸다. 그런데도 개는 시간이 넉넉하다고 생각하고 느긋하게 길을 나섰다. 하지만 염소는 길가의 풀이나 흘린 곡식을 주워 먹으면서 부지런히 걸어 개보다 먼저 신에게 도착했다.

염소는 신에게 인간은 영원히 죽는 것을 원한다고 전했다. 신은 염소의 말을 듣고는 "인간이 원하는 대로 해줄 것이다. 인간은 한번 죽으면 영원히 다시 살아나지 못한다."라고 선언해 버렸다.

개는 뒤늦게 도착해 신에게 "인간은 죽고 나서 얼마간 시간이 지난 후에 다시 살아나길 원합니다."라고 인간의 뜻을 전했다. 그러자 신은 "그 일은 이미 결정되었다. 인간은 영원히 죽게 될 것이다."라고 단호하게 말했다.

개는 울부짖으며 안타까워했지만 이미 신이 정한 인간 죽음의 결정은 되돌릴 수 없었다.[5]

이 신화에서는 신이 죽음을 일방적으로 정하는 것이 아니라 인간이 선택하도록 한다. 여기서 흥미로운 점은 인간에게 영원한 죽음과 죽은 후 얼마 뒤에 인간 세계로 되돌아오는 긴 수면 정도의 죽음 중에 하나를 선택하도록 했다는 것이다. 전자는 영원한 죽음이지만 후자는 일시적인 죽음이기에 거듭 재생하면서 영원한 삶을 누릴 수 있다. 후자는 흔히 죽음기원신화에서 세상에 사람이 많아 혼란이 생길 때 인간에게 죽음을 회피하게 하는 방법 중 하나로 나타난다.

두 부류의 죽음과 관련된 인간의 의견을 신에게 전하는 동물로 염소와 개를 선택했는데, 이 이야기에서 영원한 죽음을 전하는 동물은 염소이다. 하지만 영원한 죽음이 염소의 책임은 아니다. 영생을 원하는 인간이 개가 염소보다 빠르고 총명하다고 생각해서 개를 선택했기 때문이다. 더구나 염소의 다리까지 일부러 부러뜨렸다. 동물의 선정 조건에서 이미 승패를 결정지을 만한 선택이 있었다고 할 수 있다. 그런데 개가 당연히 이겨야 함에도 불구하고 영생을 원하는 인간의 기대는 좌절된다. 개의 음식에 대한 욕심 때문이다. 신의 말씀을 전하는 동물이 그 뜻을 온전히 전하지 못하는 이유는 음식을 탐하기 때문인 경우가 많다.

염소는 인간이 영원한 죽음을 원한다는 뜻을 신에게 전해 죽음을 가져온 동물이다. 하지만 신화의 내용으로 미루어 보면 실질적으로 죽음을 가져다준 동물은 염소가 아닌 개이다.

개가 인간에게 죽음을 가져다주었다는 신화는 이 외에도 더 있다. 아프리카의 다른 신화에서는 개가 창조신의 명을 받아 인간이 노쇠해지면 영생할 수 있도록 새로운 피부를 전달해 주는 동물로 등장한다. 하지만 신이 내린 명령을 개가 잘못 수행하면서 결국 인간에게 죽음을 가져다주는 결과를 낳는다.[6]

개는 세계의 많은 문화에서 죽음과 저승에 연관되어 있는 동물이다. 인간에게 가장 충성스러운 반려동물이면서 다른 한편으로는 인간을 죽음으로 인도하는 신화적 동물로 설정되어 있다는 것은 참으로 아이러니하다.

신의 의지를 왜곡해 죽음을 가져다준 새

그리스 신화의 최고신 제우스Zeus는 그림이나 조각을 비롯한 예술품에서 벼락을 손에 들고 독수리와 함께 있는 모습으로 묘사된다. 북유럽 신화의 최고신 오딘Odin은 미미르Mimir의 샘에서 지혜의 샘물을 마시는 대가로 한쪽 눈을 바쳤지만, 그가 지혜로울 수 있었던 것은 오딘의 어깨에 앉아 있는 후긴Hugin과 무닌Munin이라는 두 까마귀가 세상을 날아다니며 정보를 모아 오딘에게 전해주어 모르는 것이 없었기 때문이다.[7]

새는 하늘을 나는 동물이다. 그렇기에 하늘과 땅, 신과 인간을 연결하는 매개자 역할을 한다고 인식된다. 신의 말씀을 인간에게 전달해주는 역할을 하는 동물로 이만큼 적합한 동물이 없는 셈이다.

그런데 새는 신화에서 신의 뜻을 멋대로 왜곡해서 인간에게 전하기도 하는데, 이 때문에 인간에게 죽음이 생겨났다고 한다.

까마귀를 통해 지혜를 얻었던 북유럽 신화의 최고신 오딘. 오른쪽 상단에 다리 여덟 개 달린 말 슬레이프니르Sleipnir를 타고 있는 존재가 오딘이다. 스웨덴 역사박물관 소장

태초에 신은 자신이 창조한 인간을 무척이나 아꼈다. 신은 인간이 죽지 않고 영원히 살기를 바랐다. 그래서 인간을 특정 장소에 모여 살도록 하고, 일단 죽더라도 다시 살아나게 할 생각이었다.

그 무렵 신의 주변에 같이 살고 있던 동물들이 있었는데, 까치와 카멜레온이었다. 까치는 동작은 재빨랐지만 진실보다는 거짓 섞인 말을 잘했고, 카멜레온은 동작이 느리고 말을 더듬었지만 항상 진실하고 착한 성품을 지녔다. 그래서 신은 두 동물 중 카멜레온에게 인간이 사는 곳에 가서 "너희 인간은 죽게 되면 다시 살아나게 된다."라고 전하게 했다.

카멜레온은 그 습성대로 느릿느릿 걸어서 인간의 마을로 향했다. 한참 만에 마을에 도착한 카멜레온은 말을 더듬으며 답답할 정도로 천천히 신의 말씀을 인간에게 전달하기 시작했다.

"신이, 신이 인간에게, 인, 인간에게…."

그때 어디선가 까치가 재빨리 날아와서는 "인간은 죽게 되면 영원히 깨어나지 못할 것입니다."라고 말해버렸다.

카멜레온은 깜짝 놀라며, "아, 아니에요. 인간은, 인간은 죽게 되면 다시 부, 부활할 겁니다."라고 더듬거리며 신의 뜻을 다시 알렸다. 그러자 까치는 자신이 먼저 말을 전했기 때문에 자기 말대로 해야 한다고 고집했다. 인간은 모두 크게 실망하면서 신이 일러준 곳으로 길을 떠났다.

이러한 까닭에 인간은 늙으면 죽을 수밖에 없게 되었다.[8]

카멜레온은 흔히 인간에게 죽음을 가져다주는 동물로 나타나는데, 이 신화에서는 죽음을 직접 가져다준 것은 아니지만 주어진 임무를 충실히 수행하지 못하면서 결과적으로는 인간에게 죽음을 가져다준 셈이 되었다. 여기서는 까치가 신의 말씀을 왜곡해서 전하여 인간을 죽게 하는 역할을 하는데, 여타 동물이 죽음을 전하는 방식과 다르지 않다. 다만 전개가 좀 단순한 편이다.

아프리카 동부 갈라Galla족에게 전하는 신화에서는 새가 뱀의 먹이를 탐해 신의 말씀을 왜곡해서 전하는 바람에 인간에게 죽음이 생겼다고 한다. 이 신화에서는 홀라와카holawaka라는 새가 죽음을 가져다주는 역할을 한다.

태초에 신이 인간에게 죽음을 내릴 것인가 말 것인가를 고민했다. 신은 드디어 결심을 하고는 홀라와카라는 새를 불러 인간에게 가서 "인간은 죽지 않을 것이다. 다만 나이가 들면 늙고 허약해질 것이다. 하지만 노화된 껍질을 벗어버리면 젊음을 되찾을 수 있다."라는 말을 전하게 했다. 신은 인간에게 홀라와카가 신의 뜻을 전하는 새라는 것을 알리기 위해 새의 머리에 멋진 볏을 하나 달아주었다.

새는 인간에게 이 기쁜 소식을 전하기 위해 즐거운 마음으로 출발했다. 하지만 얼마 가지 않아 우연히 길바닥에서 죽은 짐승의 고기를 먹는 뱀 한 마리를 만났다. 새는 그 고기가 너무 먹고 싶어서 뱀에게 "그 고기와 피를 내게 좀 나눠주면 너에게 신의 말씀을 알려주겠다."라고 제의했다. 하지만 뱀은 아무런 관심이 없었다. "나는 그런 말 듣고 싶지 않다."고 하면서 고기를 계속 먹었다. 그런데도 새는 옆에서 자꾸 신의 말씀을 들으라고 귀찮게 졸랐고, 뱀은 마지 못해 듣기로 했다.

새는 고기가 탐나 뱀에게 "인간은 늙으면 그대로 죽을 것이다. 그러나 뱀은 늙으면 허물을 벗고 젊음을 되찾을 것이다."라고 엉뚱하게 말을 꾸며서 전했다. 흘라와카가 이렇게 신의 말씀을 왜곡해서 전한 까닭에 인간은 늙으면 죽게 되었고, 반면 뱀은 낡은 껍질을 벗으면 젊음을 되찾을 수 있었다.[9]

이 이야기 뒤에는 신의 말씀을 왜곡해서 전한 새에게 신이 징벌을 내린다는 내용이 있다.

노화된 허물을 벗고 젊음을 회복하면서 인간이 영생을 누리도록 한다는 신화적 설정에는 뱀이 등장하기 마련인데, 대부분 인간이 가져야 할 영원한 생명을 허물을 벗는 속성을 지닌 뱀에게 빼앗기고 만다.

이렇게 인간의 영생을 뱀에게 빼앗기는 데에 중요한 역할을 하는 동물로 새가 등장하는 경우가 종종 있다. 보통 위의 신화처럼 먹을 것을 탐해서 임무를 망각하거나 왜곡하는 형태로 묘사된다. 제주도의 〈차사본풀이〉에 등장하는 까마귀 또한 고기를 탐내다가 적패지를 잃어버려 죽음의 순서를 제멋대로 지껄여 왜곡하고, 신이 내린 영생의 혜택마저 뱀에게 빼앗기는 것으로 나타난다.

아울러 신의 말씀을 왜곡해서 전한 죗값으로 징벌을 가하는데, 위의 신화에서는 체내에 통증을 일으키는 질병을 앓게 해서, 이 새는 지금도 나무 꼭대기에 앉아 애통하게 울고 있다고 한다. 신이 내리는 징벌은 대체로 그 동물이 왜 그런 생김새나 걸음걸이, 울음소리 등을 갖게 되었는지 그 유래를 설명하는 방식으로 덧붙는다. 〈차사본풀이〉에서는 강림차사가 회초리로 까마귀를 때려서 까마귀가 걸음을 제대로 걷지 못하게 되었다고 한다.

멀리 아프리카에서 전승되는 신화이지만 〈차사본풀이〉와 닮은 데가 많다. 새가 신의 말씀을 전하는 전령이라는 점, 고기를 얻어먹으려다 죽음에 대한 전갈을 온전히 전하지 못한다는 점, 그 결과로 뱀이 인간 대신 영생을 차지한다는 점 등에서 흡사한 면모를 보인다.

우리의 〈차사본풀이〉가 죽음기원신화의 양상을 잘 보여주고 있음을 새삼 확인할 수 있다.

──────── 달은 영생을, 토끼는 죽음을

인간에게 죽음을 부여하는 존재가 창조주나 신이 아닌 달로 설정된 신화를 어렵지 않게 찾아볼 수 있다. 달은 사라졌다 다시 나타나는 재생의 속성을 지녀 단순히 죽음을 부여하는 것이 아닌 '인간의 죽음과 재생'을 함께 말한다. 이런 성격의 죽음기원신화에는 인간에게 죽음을 전달하는 동물로 토끼가 등장하는 경우가 많다.

아프리카 칼라하리Kalahari 사막과 짐바브웨Zimbabwe 등지에 사는 타티 부시먼Tati Bushmen이나 마사르와Masarwa족에게는 토끼의 잘못으로 인간이 죽게 되었다는 이야기가 전승된다. 이솝 우화 〈토끼와 거북이〉를 연상시키는 이야기이다.

인류가 생겨난 초창기에 달은 거북이를 불러 사람들에게 다음과 같이 전하라고 시켰다.

"달이 죽었다가 다시 살아나듯이 인간도 죽으면 다시 살아날 것이다."

그런데 거북이는 매우 느리게 기어갔고, 가다가 전할 말을 잊어버리고 돌아와서 다시 묻기를 반복했다. 또 그 말을 잊지 않으려고 계속 외우고 있었기에 걸음은 더 느려졌다.

이렇듯 거북이는 느리기도 하고 쉽게 잊어버렸기에 달은 아주 괴로웠다. 그래서 달이 이번에는 토끼를 불러 말했다. "너는 빠른 경주자이니, 저 건너편의 인간들에게 가서 이 전갈을 전하거라. '내가 죽었다가 다시 살아나듯이 너희도 죽으면 다시 살아날 것이다.'"

그런데 토끼가 너무 서둘러 출발하다가 전갈 내용을 그만 잊어버리고 말았다. 그래도 토끼는 자신이 전할 말을 잊어버렸다는 사실을 달에게 알리고 싶지 않아 결국 사람들에게 달이 이렇게 말했다고 전했다.

"나는 죽더라도 다시 살아나지만 너희는 영영 죽을 것이다."

그렇게 전하고 돌아오는 길에 토끼는 원래 전해야 할 말을 기억해냈다. 서둘러 다시 출발한 토끼는 '이번에는 절대 잊지 말아야지.' 하고 다짐했다.

마침내 사람들이 사는 곳에 도착해 이번에는 달의 전갈을 옳게 전했다. 그러나 사람들은 그 소식을 듣고는 토끼에게 몹시 화를 냈다. 이미 죽음이 생긴 뒤였기 때문이다.

토끼는 한참을 달리고 난 뒤라 피곤하고 배도 고파서 외진 곳에 앉아서 풀을 먹고 있었다. 그런데 이때 화가 난 사람 중 하나가 달려오더니 돌을 들어 토끼에게 던졌다. 그 돌이 정확히 토끼의 입에 맞아서 토끼의 윗입술이 갈라졌다. 이런 이유로 오늘날 토끼의 윗입술이 갈라져 있는 것이다.[10]

달은 인간에게 죽음 또는 영원한 생명을 부여하는 신적 존재로 등장한다. 달은 자신이 이울다가 다시 회복하듯이 인간도 그렇게 될 것이라며 재생을 통한 영원한 생명을 부여하고자 했다. 그런데 그런 달의 의중을 전달하는 동물이 전달 과정에서 문제를 일으킨다.

거북이는 능력 자체가 부족했고, 토끼는 충분히 전할 수 있었으나 서두르다가 말을 반대로 전하면서 인간에게 죽음을 가져다주었다. 신화에서 동물이 신의 뜻을 왜곡해서 전달하는 이유는 보통 먹을 것을 탐내서인데 여기서는 그렇지 않다.

한편 토끼가 신의 말씀을 잘못 전했음을 깨닫고 다시금 전달하는 과정도 특이하다. 보통은 두 동물이 경쟁하듯 말을 전하는 과정에서 한 동물이 인간이 죽게 된다는 말을 먼저 전하면서 인간에게 죽음이 생기는데, 여기서는 토끼가 죽음에 대한 전갈을 두 차례 전하는 가운데, 두 번째에는 처음 실수한 말을 바로잡으려고 하지만 이미 어쩔 수 없는 상태가 되고 만다. 두 동물이 신의 말씀을 전달하기 위해 경쟁하는 신화의 변이된 형태라고 볼 수 있다.

아울러 토끼의 입술이 갈라진 신체적 특징이 생긴 내력을 마지막에 설명하는 것이 토끼가 등장하는 죽음기원신화의 특징이기도 하다. 보통은 달이 죽음과 관련된 말을 잘못 전달한 대상을 응징하는 것이 일반적인데,[11] 이 신화에서는 잘못된 전달로 피해를 입은 인간이 직접 응징하는 형태로 나타나는 것도 독특한 양상이다.

달은 죽음기원신화와 밀접한 관련이 있다. 특히 인간이 죽었다가 다시 살아나는 재생 형태로 영원한 생명을 부여하는 신의 역할을 한다. 달의 속성을 반영한 결과일 것이다. 이 경우 대체로 토끼가 죽음

통일신라시대의 달과 토끼 무늬 수막새. 중국 신화에 따르면 토끼가 서왕모西王母를 위해 달에서 불사의 약을 찧는다고 한다. 국립중앙박물관 소장

과 관련된 말을 잘못 전달하는 동물로 등장하는데, 달과 토끼가 관련이 있다는 믿음이나 이야기가 전하기 때문이다.

우리는 흔히 보름달을 보며 달에 사는 옥토끼가 방아를 찧고 있다고 이야기한다. 이런 관념은 우리나라뿐만 아니라 중국, 일본, 인도 등지에서도 찾아볼 수 있으며, 아즈텍 신화에도 나타난다. 특히 아즈텍 신화에서는 달이 원래 태양만큼 밝은 빛을 내뿜었는데, 밤에도 세상이 지나치게 밝아질 것을 염려한 신들 중 하나가 달빛을 태양보다 희미하게 만들기 위해 토끼를 달에 집어던졌고, 이때 생긴 상처가 달의 표면에 아직 남아 있는 것이라고 전한다.[12]

어떻든 토끼는 신화에서 달과 밀접한 관련이 있는 동물로 등장하고, 그런 까닭에 죽음기원신화에서는 인간 죽음에 대한 달의 말씀을 전하는 전달자로 등장하면서 죽음을 가져다주는 동물로 묘사된다.

한편 드문 사례이기는 하지만 토끼가 달과 연관되지 않고 단순히 신의 말씀을 왜곡해서 전하여 인간에게 죽음을 가져다주는 경우도 있다. 아프리카 수단의 누바Nuba족 신화에 이런 내용이 전한다.

처음에는 사람이 죽으면 신은 친척들에게 그 사람은 단지 잠들었을 뿐이라고 했다. 그래서 죽은 사람의 친척들은 하룻밤 동안 그 사람을 옆에 두었으며, 다음 날 아침에는 그가 되살아나는 것을 볼 수 있었다. 하지만 한 사람이 죽은 어느 날, 신이 사람들에게 와서 무슨 일을 해야 할지 말해주기도 전에 산토끼가 먼저 와 친척들에게 시신을 땅에 묻으라고 했다. 그렇지 않으면 신이 화가 나서 너희를 모두 죽일 것이라며 위협했다.

그러자 죽은 사람의 친척들은 시신을 땅에 묻어버렸고, 신이 오자 사람들은 신에게 자신들이 한 일을 말했다. 신은 자신의 말을 듣지 않고 산토끼의 말을 들었다며 화를 내면서 앞으로 사람들은 죽어서 다시는 돌아오지 못할 것이라고 선언했다. 그 뒤로 인간에게 죽음이 시작되었다.[13]

이 신화에서 토끼는 뱀을 비롯해 인간에게 죽음을 가져다준 여타 동물들처럼 거짓으로 말을 만들어 인간을 죽음에 이르게 한다.

토끼가 죽음의 전달자로 등장하지만, 달을 죽음을 부여하는 신으로 설정하지는 않았다. 그럼에도 신화에서는 인간이 죽은 다음 날 되살아나서 죽지 않고 영원히 살 수 있다고 하여 재생을 통한 영생을 이야기하고 있다. 신화에 달이 등장하지는 않지만 그 내용으로 보아 토끼의 등장과 역할이 부자연스러운 설정은 아니다. 이 신화에서는 죽음을 부여하는 존재를 막연히 신이라고 하고 있지만, 본래는 달이었을 가능성도 한번쯤은 생각해 볼 수 있다.

끝과 시작,
둘이 아닌 하나

우리가 먹는 모든 것은 죽음에서 왔다

자녀를 얻게 된 대가의 끝은

조롱박은 물에 뜨고 깨진 토기는 가라앉네

죽음과 맞바꾼 화식의 달콤함

겨울은 어떻게 죽음의 계절이 되었나

이승과 저승에 나누어 사는 생산신

서천꽃밭, 사람의 생명을 다루는 곳

우리가 먹는 모든 것은 죽음에서 왔다

우리에게는 영원히 살 기회가 있었다. 태초에 신은 인간에게 죽음을 내릴 의사가 없었기 때문이다. 그렇지만 인간이 많아지면서 세상이 혼란해지고 신은 어쩔 수 없이 죽음을 선택한다.

죽음기원신화에는 나름 수요와 공급의 법칙이 작용하고 있다. 처음에는 세상이 사람으로 넘쳐나 포화상태에 이르자 궁여지책으로 일정 기간만 죽게 해서 그 비율을 조정하는 방식으로 과밀화를 피하고자 한다. 그렇지만 세상의 혼란을 막는 근본적인 대책이 될 수 없기에 실패하고 만다. 일시적으로 죽음을 보류한다고 해도 결국 소멸 없는 생산만 있으니 애초에 균형을 맞추는 것 자체가 불가능하다. 인간에게 출산 능력 자체가 없다면 모를까 출산이 전제된다면 일정 비율로 인간을 죽게 하는 장치를 마련하는 것은 필연적이다.

신화에서는 사람이 많아지면 땅덩어리가 비좁아져서 더 이상 살 수 없게 된다고 말하는데, 그 내면을 들여다보면 생존을 위한 먹을거리의 문제가 핵심이다. 그렇기에 죽음의 기원은 자연스레 '먹을거리'의 문제로 옮아 온다. 인간이 최초 식량으로 무엇을 선택했는지를 빌미 삼아 죽음이 생겨났다고 한다.

우선 식량으로 돌 대신 바나나를 선택하면서 영생이 아닌 죽음을 얻는다. 유한한 생명과 무한한 생명의 구분에 따른 죽음의 부여이다. 그런데 죽음이 생겨났다고 해서 인간이 영원히 살지 못하라는 법은 없다. 주기적으로 재생하면서 죽음을 극복할 수도 있기 때문이다. 이때 식량으로 무엇을 선택했는가가 문제가 된다. 껍질을 벗으며 재생하는 것을 식량으로 삼았더라면 유한한 생명을 갖게 되었을지라도 거듭나기를 계속하면서 죽음을 피했을 텐데 인간의 선택은 그렇지 못했다.

단순히 식량을 무엇으로 정했는가 하는 문제 이상의 담론이 내재되어 있다는 점도 주목할 필요가 있다. 농작물을 생산하거나 아이를 낳는 것과 같은 인간의 생산활동 자체가 죽음과 불가분의 관계를 맺고 있기 때문이다. 생산이 있다면 세상에는 필연코 죽음이 도래할 수밖에 없다고 하는 인식이 신화의 바탕에 깔려 있다. 실제 생산과 죽음의 기원이 서로 밀접하게 맞닿아 있는 양상을 보여주는 신화가 세계 곳곳에 전한다. 여기서는 먼저 죽음의 기원과 식량의 기원이 밀접하게 연관되어 있다고 하는 신화부터 살펴본다.

죽음으로부터 구근球根 작물이 처음 생겨났다는 내용의 신화로 우리에게 익히 알려져 있는 것은 인도네시아 세람Ceram섬에 전승되는 하이누웰레Hainuwele 신화이다. 아메타라는 남자가 사냥을 나갔다가 돼지 어금니에서 코코넛 씨앗을 발견해 심었는데 거기에서 하이누웰레라는 소녀가 생겨났고, 마로 춤 축제 장소에서 진귀한 물건을 만들어내는 그녀의 능력을 시기한 사람들에게 죽임을 당해 땅에 묻힌 뒤 그 시신 조각으로부터 여러 종류의 구근 작물이 생겨났다는 내용이다.[1]

이와 같이 태초에는 세상에 죽음이 없었는데, 사람이 죽어 땅에 묻히면서 그 땅에서 먹을거리가 생겨났고, 그러면서 죽음 또한 기원했다고 하는 신화가 멕시코에서도 전한다.

다음은 멕시코 코라Cora족의 신화인데, 죽음이 생기면서 먹을거리도 생겨났다고 한다.

우리들의 아버지인 태양은 세상에 태어난 인간을 어떻게 하면 좋을지 고민했다. 그러다가 태양은 태양신의 제사를 주관하는 사람들에게 "이 세상에 태어난 인간들을 어떻게 처리하면 좋겠느냐?"라고 물었다.

장로長老 몇 사람은 "하늘 높이 방황하며 떠돌아다니게 해야 한다."고 했고, 몇 사람은 "나이가 들면 날아서 멀리 떠나야 한다."라고도 했다. 또 서쪽의 생명수 있는 곳에서 소멸되어야 한다거나 무無로 돌아가야 한다고도 했고, 산중에서 소멸되어야 한다고 말하는 사람도 있었다. 이렇게 갈피를 잡지 못하고 의견이 분분한 채 논의를 하고 있었는데, 마침 그들 옆으로 도마뱀 한 마리가 지나가고 있었다. 태양은 도마뱀은 어떻게 생각하는지 물어보라고 했다.

사람들이 도마뱀을 불러서, "네 생각에는 태어난 사람들이 어떻게 되었으면 좋다고 생각하느냐?" 하고 물었다. 그러자 도마뱀은 "사람들은 죽어야 합니다. 그들이 태어난 대지의 아래인 지하에 소멸시켜야 합니다. 대지는 그들을 먹이로 삼을 것이고, 인간들은 지상에서 땅을 경작해서 식량을 생산하게 될 것입니다. 대지는 그렇게 묻힌 사람들을 먹게 될 것이고, 사람들은 이런 대지에 씨앗을 뿌려 거기에서 발아하는 모든 것을 먹으면서 존속하게 될 것입니다."라고 대답했다.[2]

코라족의 신화는 죽음과 식량의 기원이 밀접한 관계에 있음을 말하고 있다. 이런 사고는 한편으로는 태초에 신이 인간을 흙으로 빚어서 만들었다고 하는 신화가 세계 곳곳에 넓게 퍼져 있다는 사실과도 맞닿아 있다. 인간에게 죽음이 생겨나고 땅에 매장되면서 흙으로부터 먹을거리가 기원한다는 이런 의식은 곧 인간이 흙에서 생겨나서 흙으로 돌아간다는 인식과도 상통한다.

아울러 사람이 죽었을 때 땅에 묻는 매장 풍속은 순환론적 세계관을 지닌 민족의 경우, 식물의 씨앗이 땅속에 묻혀 있다가 봄이 되면 싹이 트고 꽃을 피워 열매를 맺고 다시 씨앗으로 땅에 떨어지는 것처럼 인간도 이와 같은 원리로 탄생한다는 의식을 갖고 있다는 것과도 연결된다.[3] 코라족의 죽음기원신화는 매장의 기원을 밝히는 신화에 해당하며, 인간의 죽음과 생명이 끊임없는 순환 관계를 맺으면서 죽음과 식량의 기원이 연계된다고 설명하고 있다.

다음은 아프리카 잠비아의 람바Lamba족에게 전해오는 신화인데, 신이 인간에게 곡물을 건네주면서 죽음도 함께 주었다고 한다. 즉, 죽음과 곡물이 같이 생겨났다는 것이다.

방랑생활을 하던 인간은 떠돌아다니며 생활하는 데 너무도 지친 나머지 이제 한곳에 정착해서 농경생활을 시작하고 싶어 했다. 하지만 인간에게는 곡물 종자가 없었다. 그래서 신에게 이를 달라고 부탁하기 위해 사자를 보냈다. 신은 사자에게 몇 개의 꾸러미를 주었다. 그러고는 꾸러미 중 하나를 가리키며 "이것은 절대로 가는 도중에 열어보아서는 안 된다."라고 하며 신신당부를 했다.

그런데 인간에게 꾸러미를 전달하러 가던 도중에 사자는 호기심이 생겨서 견딜 수가 없었다. 그래서 몰래 그 꾸러미를 열어보았다. 그랬더니 그 속에 들어 있던 죽음이 세상 밖으로 나와 퍼졌고, 세상에 죽음이 생겨났다.[4]

절대 열어보지 말라는 신의 금기를 어기면서 인간에게 죽음이 찾아왔다는 점에서 그리스 신화 〈판도라의 상자〉를 연상시킨다. 곡물 종자는 신이 주는 선물이지만 죽음은 인간의 선택에 따라 생기지 않을 수도 있었다. 하지만 곡물 종자를 주면서 하나의 꾸러미를 열지 말라는 금기를 부여한 자체가 이미 신이 인간에게 죽음을 내리기 위한 수순이었다고도 할 수 있다.

제주도의 〈세경본풀이〉라는 무속 신화에서는 하늘의 변란을 평정한 공로로 자청비가 하늘로부터 오곡 종자를 받아서 세상으로 내려온다. 중국 윈난성 나시족納西族의 〈창세기〉에도 총런리언从忍利恩은 천상에서 인간 세상으로 내려올 때 아홉 가지 가축과 열 가지 곡물 종자를 가져온다.[5] 이렇듯 천상에서 또는 신에게 요청해서 인간이 곡물을 얻는 이야기는 여러 신화에서 찾아볼 수 있다. 위의 아프리카 신화도 신에게 곡물을 얻는 곡물기원신화의 성격을 띠는데, 그와 동시에 죽음도 함께 받아오므로 죽음의 기원을 밝히는 신화이기도 하다.

죽음기원신화에서는 소멸만을 이야기하지 않는다. 죽음을 이야기하면서 생산이나 생명도 함께 이야기한다. 그래서 신화학자들은 죽음기원신화를 넓은 의미에서 인류기원신화의 일부로 파악하기도 한다.[6]

수메르의 이난나Inanna 신화나 바빌로니아의 이슈타르Ishtar, 그리스의 데메테르Demeter, 이집트의 오시리스Osiris 신화 등 많은 신화에서 세상에 풍요를 가져다주는 생산의 신, 대지의 신이 죽음의 세계를 여행하거나 그곳에 머무를 때는 곡물의 생산이나 생명의 탄생이 멈추는 모습을 보여준다. 이는 죽음과 생산은 서로 밀접한 호응 관계를 맺으면서 죽음이 곡물의 생산이나 인간 생명의 탄생으로 연결됨을 의미한다고 볼 수 있다.

─────── 자녀를 얻게 된 대가의 끝은

종종 과학적 사고와 신화적 사고가 연결되는 지점을 만날 때가 있다. 인기 과학 다큐멘터리 제작자이자 저작자인 앤 드류얀Ann Druyan과 칼 세이건Carl Sagan 부부가 쓴《잊혀진 조상의 그림자》라는 책에는 다음과 같은 구절이 나온다.

10억 년 전, 생물에게 하나의 거래가 이루어졌다. 그 거래란 개체의 불사성不死性을 잃는 대신 성性의 기쁨을 얻은 것이다. 죽음과 성, 우리는 죽음 없이 성을 얻을 수 없다. 자연은 생물에게 무척이나 가혹한 거래를 한 셈이다.[7]

생물이 성적性的 기능을 얻으면서 죽음도 함께 생겼다는 사실을 과학적인 시각으로 접근해서 밝혀낸 글이다. 몇십억 년 전 생명체가 기원했고 진화의 과정을 겪으면서 생산 능력을 얻지만, 그런 생산 능력은 곧 죽음의 시작으로 이어진다고 말한다. 불사의 무성생식을 하던 생물이 유성생식을 하는 생물로 변화하는 과정을 겪는데, 여기에서 정자와 난자의 결합에 의한 생산이 가능해지지만 동시에 죽을 수밖에 없는 존재로 설계가 이루어진다고 주장한다. 생명의 탄생이 곧 죽음의 생성으로 연결된다니 흥미롭다.

죽음기원신화에서도 수요와 공급의 균형을 맞추기 위해 생산을 얻는 것과 동시에 소멸도 있어야 한다고 이야기한다. 여성의 출산은 인류의 생존과 번성을 위해서는 필수적이지만 죽음이라는 대가를 지불하고서야 비로소 허용된다고 신화에서는 말한다. 과학적 사고와 신화적 사고가 동일한 지점에서 조우하고 있음을 볼 수 있다.

《성서》에서 교활한 뱀의 말을 듣고 선악과를 따 먹은 아담과 하와가 에덴동산에서 쫓겨나면서 받은 징벌 중 하나는 출산의 고통이다. 그런데 신이 내린 금기를 어기면서 낙원 추방과 함께 산고를 겪게 되었을 뿐만 아니라 죽음도 생겨났다는 신화가 있다.

마스파 신은 인간에게 모습을 감추고 지냈지만, 항상 인간과 대화하면서 소통을 했다. 신은 인간에게 자신의 모습을 절대로 보지 못하게 했고, 만약 이를 어길 시에는 불행이 올 것이라고 말했다. 그 당시 인간은 아주 행복하게 살고 있었고, 일할 필요도 없었다. 필요한 모든 것을 풍족하게 갖추고 있었기 때문이다.

그러던 중 한 여인이 '신은 어떤 모습일까?' 하는 호기심이 생겼다. 궁금증을 견디지 못한 그녀는 신의 모습을 보기로 작정했다. 그렇게 기회를 엿보다가 결국 신의 팔을 보는 데까지 성공했다.

　모든 사실을 알고 있는 신은 자신의 말을 어긴 여인을 저주하면서 인간의 곁에서 떠났다. 신이 떠나면서 인간이 누리던 행복과 평화도 사라졌다. 인간은 열심히 일하지 않으면 안 되었고, 더불어 죽음도 생겨났다. 또한 여인은 출산의 고통도 부여받았다. 이 여인이 낳은 최초의 아이는 태어난 지 이틀 만에 죽고 말았다.[8]

아프리카 콩고의 피그미Pygmy족에게 전승되는 신화인데 여러모로 《성서》의 〈창세기〉를 연상시키는 부분이 많다. 인간이 신과 함께할 때는 행복하고 죽음 또한 없었다. 하지만 한 여인이 신이 내린 금기를 어기면서 행복은 사라지고 노동을 해야만 살 수 있는 존재가 된다. 더불어 죽음이 생겨났으며, 여성은 출산의 고통을 겪게 되었다.

　그런데 죽음을 비롯한 산고가 신의 금기를 어겼기 때문이 아니라 인간이 스스로 선택한 것이라고 하는 신화가 있어 주목된다. 세상이 처음 생겨났을 때 신이 인간에게 출산과 영원한 생명 중 하나를 선택하도록 하면서 죽음이 비롯되었다는 것이다.

　아프리카 나이지리아에 전하는 다음 신화에서는 신이 인간, 거북이, 돌에게 영생할 것인지 또는 출산을 하면서 죽음을 감수할 것인지를 선택하도록 한다. 신은 그중 출산을 원하는 인간과 거북이에게는 죽음을 내렸고, 잉태를 거부한 돌에게는 영원히 살도록 했다는 내용을 담고 있다.

태초에 신은 제일 먼저 거북이를 만들었고, 그다음으로 인간을 만들었으며, 마지막으로 돌을 만들었다. 신은 이 창조물을 남녀, 암수로 나누었다. 이때는 거북이, 인간, 돌 모두 출산을 하지 않았다. 이들은 모두 늙어가다가 어느 시점이 되면 다시 젊어졌고, 그렇게 오랜 시간이 지났다.

어느 날 거북이가 신을 찾아가 새끼를 갖게 해달라고 간청했다. 하지만 신은 허락하지 않았다. 영원한 생명을 주었으니 지금처럼 지내라고 했다. 거북이는 얼마 뒤 다시 한번 신을 찾아가 간곡히 청했다. 그러자 신이 묻길 "새끼를 가지면 너희는 죽어야 한다. 그래도 새끼를 갖겠느냐?" 하고 물었다. 수컷 거북이는 망설임 없이 "만약 제 아내가 새끼를 가지면 저는 죽겠습니다."라고 대답했다. 그래서 신은 거북이에게 새끼를 가질 수 있게 해주었다.

신이 이번에는 인간에게 "너희도 아이를 갖길 원하느냐?" 하고 물었다. 인간도 원한다고 대답했다. 마지막으로 신은 돌에게도 이를 물었으나 돌은 출산을 원하지 않는다면서 그냥 영원히 살겠다고 했다.

신은 그들이 원하는 대로 해주었다. 수컷 거북이는 암컷이 새끼를 가지면 바로 죽었고 암컷은 석 달이 지나면 새끼를 낳았다. 인간은 거북이처럼 바로 죽지는 않았지만 영생이 아닌 죽음을 얻게 되었다. 하지만 돌은 출산을 원하지 않았기에 죽지 않고 영원히 살 수 있었다.

이때부터 인간을 비롯한 동물은 출산을 할 수 있었지만, 결국 그것 때문에 죽음을 맞이하게 되었다.[9]

위의 신화에는 인간이든 거북이든 출산을 하려면 죽음을 수반해야 한다는 인식이 나타난다. 신은 세상 만물에게 영원한 생명과 죽음 중 하나를 선택하게 한다. 그런데 신이 제시한 조건은 영원한 생명을 얻으려면 새로운 생산, 곧 출산은 허락되지 않는다는 것이다. 앞서 죽음 기원신화에서 세상에 출산만 있고 죽음이 없으니 세상이 포화상태가 되면서 혼돈에 빠지고, 그 해결책으로 어쩔 수 없이 죽음이 출현하는 양상을 보았다. 이 신화는 세상에 생명의 생산과 소멸이 공존해야 비로소 세상이 안정되게 돌아간다는 인식의 연장선상에 있다.

그런데 이처럼 출산을 통해 생산과 죽음이 조화를 이루고 균형을 맞춰야 한다는 관념은 제주도의 〈삼승할망본풀이〉라는 무속 신화에서도 찾아볼 수 있다. 〈삼승할망본풀이〉에서는 산신産神이 되는 경쟁에서 패배해서 저승할망이 된 용왕국 따님애기가 태어나는 아기의 생명 꽃가지를 꺾으면서 병과 죽음을 내리겠다고 하자 생불할망은 그렇게 하는 만큼 꽃을 번성시켜 아기를 새로 탄생시키겠다고 말한다.

이런 모습은 일본 신화 〈이자나기의 황천 방문담〉에서도 나타난다. 이자나기가 황천국을 여행하던 중에 천인암千引岩에서 황천 세계를 관장하는 여신인 이자나미가 매일 1천 명의 인간을 죽이겠다고 하자 창조신 이자나기가 매일 산실産室 1천5백 개를 만들겠다고 하는 대목에서 인간의 출산과 죽음의 비율이 일정하게 연계되어야 한다는 의식을 찾아볼 수 있다.

창조신 이자나기는 죽은 여신 이자나미를 만나러 황천국으로 갔다. 여신이 입구에 나와서 맞이하자 이자나기가 말했다. "나와 당신이 만들려고 했던 나라가 아직 완성되지 않았소. 그러니 지상으로 돌아오시오."

그러자 이자나미는 "나는 안타깝게도 이미 황천국의 음식을 먹어버려서 지상으로 돌아갈 수 없답니다. 그렇지만 이곳은 너무 무서워서 당신과 함께 돌아가고 싶어요. 황천국의 신과 상의하고 올 테니 잠시 기다려 주세요. 그리고 그동안 절대 내 모습을 보려고 하지 마세요."라고 당부하고 안으로 들어갔다.

한참을 기다려도 나오지 않자 이자나기는 불을 켜서 안을 들여다보았는데, 이자나미의 온몸이 구더기로 덮여 있었다.

이자나기는 너무 놀라 그대로 도망치려고 했다. 그러자 이자나미는 "당신이 나를 모욕하는군요." 하면서 크게 화를 내고는 황천추녀, 팔뢰신, 황천군을 보내 이자나기를 뒤쫓게 했다. 간신히 그곳을 빠져나온 이자나기는 거대한 돌을 굴려 황천국으로 내려가는 길의 입구를 막았다. 그러고는 이자나미에게 영원한 이별을 선언했다.

화가 난 이자나미는 이를 괘씸히 여겨 "그 나라 사람들을 하루에 천 명씩 죽이겠다."라고 선언한다. 그러자 이자나기는 "나는 하루에 천오백 개의 산실産室을 세우겠다."라고 맞받았다.

이렇게 황천국과 세상의 인연이 끊어졌고, 사람들은 죽게 되었다.[10]

제주도의 〈삼승할망본풀이〉나 〈이자나기의 황천 방문담〉 모두 출산과 죽음의 조절을 이야기한다. 이 둘이 일정 비율로 조화를 이룰 때 비로소 세상이 온전하게 돌아간다는 것이다. 〈삼승할망본풀이〉에서는 새로운 생명을 내리는 생불할망과 질병 및 죽음을 내리는 저승할망이 대립하지만 출산과 죽음을 긴밀하게 연계시키며 이야기를 전개한다.

죽음이 있다면 응당 그에 걸맞는 출산이 있어야 하고, 더 나아가 출산과 죽음이 일정 비율로 관리되어야 한다는 관념이 죽음기원신화에 내포되어 있다.

　우리는 기본적이면서도 깊이 있는 인간 생존의 원리를 무심코 지나치는 경우가 있다. 출산과 죽음이 더불어 생겨났다고 하는 여러 신화는 출산과 죽음이 순환 관계에 있으며, 일정 비율로 조정되어야만 세상에 혼란이 없고 인간이 안정적인 생존을 유지할 수 있다는 단순하면서도 심오한 진리를 대변해 주고 있다.

─────── 조롱박은 물에 뜨고 깨진 토기는 가라앉네

신이 인간에게 영원한 생명을 내리고자 했으나 특이하게 불임不姙 여성 때문에 죽음이 생겨났다는 신화가 있다. 아프리카 수단의 누에 르Nuer족 신화를 보면 신은 인간을 죽지 않게 하겠다고 결정하고 인간 에게 그 말을 전할 사자使者를 보낸다. 그런데 사자가 하필 불임여성이 어서 인간은 영생이 아닌 죽음을 얻게 되었다고 한다.

신은 인간을 만들 때 조롱박을 물속에 던졌다. 이는 조롱박이 물에 가 라앉지 않는 것처럼 인간도 죽지 않고 영원히 살 것이라는 공표였다. 신 은 이 메시지를 인간에게 전하기 위해 불임여성을 사자로 보냈다. 그런 데 이 여인은 신의 말씀을 반대로 전하면서 조롱박 대신 깨진 토기土器 조각을 물에 던졌고, 토기 조각은 그대로 물에 가라앉았다. 그 이후로 인간은 죽음을 피할 수 없게 되었다.[11]

위의 신화에서는 조롱박이 영원한 생명, 토기 조각이 죽음을 상징한다. 조롱박은 흔히 생명을 가져다주는 신화적 상징물로 나타난다. 생긴 모양이 알과 닮아 있고 여인의 잉태한 형상을 상징하기도 한다. 그래서 조롱박에서 민족의 시조가 탄생했다는 신화가 세계 여러 나라에서 전해온다.

신라 시조 박혁거세는 알에서 태어났는데, 알의 모양이 박과 비슷해서 성姓을 박朴씨로 삼았다고 한다.[12]

중국 소수민족인 라후족拉祜族은 조상이 조롱박에서 탄생했다고 해서 조롱박을 숭배하며, 야오족瑤族에게 전하는 〈복희·여와 신화〉에서는 복희와 여와가 조롱박 속에 숨어 대홍수를 피하고 새로운 인류의 시조가 되었다고 한다.[13] 아울러 또 다른 소수민족인 이족彝族의 창세서사시 〈메이거梅葛〉에서는 홍수에서 살아남은 오누이가 남매혼을 통해 아이 대신 조롱박을 하나 낳고, 거기서 이족, 한족을 비롯한 아홉 개의 민족이 생겨났다고 한다.[14]

이 외에도 여러 홍수신화에서는 새로운 인류의 시작을 알리는 시조가 되는 인물들이 조롱박 속에 숨어 홍수를 피한다. 이렇듯 조롱박은 인간 생명의 탄생 또는 재창조를 알리는 신화적 상징물이다.

신은 조롱박을 물에 띄우고 이것이 물에 떠 있는 것처럼 인간도 영원히 살 수 있다고 말하고 끝났으면 좋았을 텐데, 말을 전하는 사자를 불임여성으로 선택하면서 문제가 발생한다. 특히 "인간은 죽지 않고 영원히 살 것이다."라는 메시지를 반대로 전함으로써 죽음을 가져다준 여인이 바로 불임여성이라는 것은 주목할 필요가 있다.

중국 라후족의 대표적인 상징물인 조롱박. 라후족의 조상이 조롱박에서 태어났다는 신화가 전한다.

조롱박은 생긴 모양이 여인이 잉태한 형상인데, 불임여성은 출산과는 배치된다. 어떻게 보면 인간에게 죽음을 가져오는 것은 신이 불임여성을 사자로 보낸 데서 이미 예정된 것일 수 있다.

토기는 흙을 구워 만든 생명력이 없는 물질인데, 게다가 깨진 조각이니 그 자체로 이미 파괴된 상태이다. 죽음을 상징하기에 아주 적절

중국 이족의 조령당祖靈堂. 이족은 그들의 조상이 조롱박에서 나왔다고 여겨 조롱박으로 조령당을 꾸며놓는다.

하다. 더구나 물에 놓았을 때 조롱박은 물에 뜨는 반면에 토기 조각은 바로 가라앉으니 파멸 또는 소멸의 성격을 띤다.

죽음기원신화에서는 인간이 생산력을 가지려면 세상의 균형을 맞추기 위한 죽음 또한 필요하지만, 출산 능력을 지닌 여성이 생산력을 상실하면 결국 죽음과 연결된다고 말하고 있다.

죽음과 맞바꾼 화식의 달콤함

오늘날은 세상을 살기가 참 편리해졌다. 여러 가지 도구나 기기가 인간이 하기 힘든 노동의 많은 부분을 대신해 주며, 교통과 통신이 발달해서 어디든 쉽게 갈 수 있고 실시간으로 소식이나 정보를 주고받을 수 있다. 인간의 수명도 백 년 전보다 두 배 가까이 늘었다.

그렇다면 인간의 삶은 옛날보다 많이 행복해졌을까?

이 물음에 선뜻 그렇다고 대답하기가 망설여진다. 신화에서도 새로운 문화의 도래가 반드시 행복을 가져다준다고 인식되지는 않는다.

신화에서는 곡물 종자의 획득, 불의 발견, 제철기술 등과 같이 문화에 큰 변화와 발전을 가져오는 현상이 어떻게 생겨났는지를 밝히는 경우가 종종 있다. 이런 신화를 '문화기원신화'라고 한다.

상식적으로 새로운 문화가 생겨나면 삶이 윤택해지니 인간은 행복해졌을 것이라고 생각할 텐데, 신화에는 뜻밖에도 새로운 문화와 함께 인간에게 고통이나 혼란이 찾아온다는 내용이 덧붙어 있음을 유념할 필요가 있다. 즉, 새로운 문화가 생겨나는 것, 그래서 삶이 나아진 것을 꼭 긍정적으로만 여기지는 않았다는 뜻이다.

이런 모습을 단적으로 보여주는 신화로는 우선 그리스 신화인 〈판도라의 상자〉를 들 수 있다. '판노라의 상자'라는 말은 누구나 한 번쯤은 들어봤을 것이다. 이제는 국어사전에까지 등장할 정도로 일반적이고 상식적인 어휘가 되어버렸다.

〈판도라의 상자〉 이야기는 하늘로부터 이전에는 인간 세상에 없던 불을 비롯한 여러 신기술을 가져오는 데서 발단이 된다. 이것은 분명 인간 세상을 이롭게 하고 도와주는 것일 텐데, 결말은 예상 밖이다. 오히려 여기서 인간에게 고통을 주는 질병과 죽음, 증오, 질투 등의 재앙이 생겨났다.

〈판도라의 상자〉는 인간 편에 서서 인간에게 도움을 주고 불과 여러 가지 기술 등 문화를 전달해 주는 프로메테우스Prometheus로부터 출발한다.

대장장이의 신 헤파이스토스Hephaestus는 제우스Zeus의 명에 따라 흙으로 꽃보다 아름다운 처녀의 모습을 만들어냈다. 지혜와 기술의 여신 아테나Athena는 그녀에게 여성이 가질 수 있는 모든 재능과 옷을 만들 수 있는 직조 능력을 선물했고, 아프로디테Aphrodite는 사랑스러움을 심어주었다. 그리고 헤르메스Hermes는 그녀의 가슴에 거짓, 아첨, 교활함, 호기심을 채워주었고, 그녀에게 '모든 선물을 받은 여인'이라는 뜻을 지닌 판도라Pandora라는 이름을 붙여주었다. 이렇게 '최초의 여자' 판도라가 탄생했다. 이 작업은 신들이 힘을 기울여 창조한 아름다운 재앙이었

판도라를 만드는 헤파이스토스의 조각상. 보스턴 파인아트뮤지엄 소장

지만, 그 창조물인 여자는 남자들이 결코 거절할 수 없는 매력덩어리 그 자체였다.

제우스는 신들의 사자인 헤르메스에게 판도라를 프로메테우스의 동생 에피메테우스Epimetheus에게 데려다주라고 명했다. 프로메테우스는 에피메테우스에게 "제우스가 보내는 선물은 인간에게 화를 미치는 것이니 절대로 받지 말고 돌려보내라."라는 말을 누누이 전했다. 그러나 에피메테우스는 판도라를 보는 순간 프로메테우스의 말을 완전히 잊어버렸고, 그저 기쁜 마음으로 판도라를 아내로 맞이한다. 하지만 나중에서야 그녀를 맞이한 것이 큰 실수였음을 깨닫는다.

'판도라' 조각상. 보스턴 파인아트뮤지엄 소장

호기심에 그만 상자를 열어보고 마는 판도라. John
William Waterhouse. 1896년 작.

에피메테우스의 집에는 상자가 하나 있었는데, 그 안에는 인간에게
해가 되는 온갖 것이 봉인되어 있었다. 하지만 헤르메스로부터 호기심
을 부여받은 판도라는 그 안을 확인해 보고 싶다는 유혹에 시달리다가
어느 날 결국 상자를 살짝 열어보고 말았다. 그러자 그 안에서 질병과
죽음, 증오, 질투 등 인간 세상에 해악을 끼치는 온갖 것이 쏟아져나와

사방에 흩어져 버렸다.

　판도라가 상자를 열면서 쏟아져나온 여러 가지 재앙으로 인간은 고통받게 되었고, 그때부터 질병과 죽음도 생겨났다. 더구나 이렇게 나온 재앙은 눈에 보이지 않을 뿐 아니라 소리마저도 제거해 버렸기 때문에 재앙이 다가오는 순간까지 그것이 다가오는지조차 눈치채지 못한다. 다만 상자 속에 희망이 남아 있어 인간이 온갖 고난을 겪더라도 희망을 간직하고 살게 되었다.[15]

이 신화에서는 최초의 여자인 판도라에 대해 "신들이 힘들여 창조한 아름다운 재앙"이라고 표현하고 있다. 그리스 신들의 계보를 정리한 헤시오도스Hesiod의 《신통기》에서는 제우스가 '판도라'라는 최초의 여자를 만들어 세상에 보낸 것은 재앙을 내리기 위해서라고 말한다. 더욱이 인간에게 이런 재앙을 내리는 까닭이 프로메테우스가 제우스의 뜻을 거역하고 불을 훔쳐 인간에게 주었기 때문이라고 밝히고 있다.

　구름을 모으는 자인 제우스는 그 도둑에게 다음과 같이 말씀하셨다. "그 누구보다도 영리한 이아페토스Iapetus의 아들프로메테우스이여, 너는 나의 불을 훔쳐 나의 뜻을 거역하고도 기뻐하고 있구나. 그러나 그 불은 너 자신이나 이후에 태어나게 될 인간에게 큰 고통이 되리라. 인간은 불을 얻어 기쁨에 겨워하겠지만, 나는 그 불을 얻는 대가로 인간에게 평생 불행을 껴안고 살아가게 만들 재앙을 내릴 것이기 때문이노라."[16]

로마 시대기원전 1세기에 제작
된 반지. 바위에 묶여 있는 프
로메테우스의 모습을 표현했
다. 보스턴 파인아트뮤지엄
소장

천상에서 불을 훔쳐 인간에게
가져다준 죄로 고통받고 있는
프로메테우스. 신이 세상에 죽
음을 비롯한 재앙을 내린 까닭
은 프로메테우스가 불을 훔쳤
기 때문이다. 보스턴 파인아트
뮤지엄 소장

제 3 장 끝과 시작, 둘이 아닌 하나

제우스는 이렇게 말하면서 헤파이스토스를 시켜 판도라를 만들도록 한다. 제우스는 이미 프로메테우스가 불을 훔친 것을 알고 있었고, 불을 얻은 인간에게는 판도라를 징벌의 수단으로 삼아 재앙을 내리고 고통을 주고자 계획했던 것이다.

그러면 그리스 신화를 벗어나 불의 기원이 인류에게 죽음을 가져다주고 재앙을 준다는 인식이 다른 신화에서도 나타나는지 그 범위를 넓혀 생각해보자.

불기원신화 가운데에는 인간이 불을 얻는 과정에서 죽음도 함께 생겨났다는 신화가 있다. 브라질 아마존 남부의 원주민 아피나이에족에게는 표범으로부터 불을 얻었다는 불기원신화가 전한다. 이 신화에서는 인간이 바위처럼 오래 살 수 있었으나 불을 얻는 과정에서 그들의 선조가 실수하는 바람에 한정된 생명을 갖게 되었다고 하여 죽음기원신화와 밀접하게 연결된 양상을 보여준다.

한 소년이 황금잉꼬를 사냥하려고 암벽에 올라갔으나 그만 그 틈에 갇혀 배고픔과 목마름에 고통스러워하고 있었다. 그때 표범 한 마리가 그곳을 지나다가 소년을 발견하고 구해준다. 물과 먹을 것을 주면서 "나에게는 자식이 없으니 너를 양자로 삼고 싶구나."라고 말했다.

소년이 동의해서 양아버지인 표범의 집에서 살게 되었는데, 그곳에서 불에 타고 있는 나무토막을 보게 되었다. 당시 인간은 불이 있는지 몰라서 고기를 햇볕에 말려서 먹곤 했었다. 소년은 그것이 무엇인지 궁금해서 표범에게 물으니 불이라고 하면서, "저것이 너를 따뜻하게 해줄 것이다."라며 구운 고기 한 덩어리를 주었다.

그런데 표범과 달리 표범의 아내는 표범이 사냥을 나가면 소년에게 공격성을 드러내어 소년은 두려움에 떨어야만 했다.

어느 날 소년은 표범에게 활의 사용법을 배워 소년을 공격하려는 표범의 아내를 그만 활로 쏘아 죽여버리고 말았다. 표범은 네 잘못이 아니라며 소년의 정당성을 인정해 주었다.

표범은 구운 고기 한 덩어리를 주면서 "이제 마을로 돌아가거라." 하며 돌아가는 길을 알려주었다. 그러면서 가는 길에 주의할 것이 있다고 했다. "네가 가는 길에 누가 부르는 소리가 들리거든 바위와 아로에이라aroeira나무의 부름에는 대답을 하되, '썩은 나무의 부드러운 부름'에는 절대 대답해서는 안 된다."라고 알려주었다. 하지만 소년은 표범이 일러주는 말을 잊고, 썩은 나무가 부르는 소리에 대답을 하고 말았다. 그때부터 인간의 생명은 짧아졌다. 만일 소년이 썩은 나무가 부르는 소리에 대답하지 않았으면 인간은 바위처럼 오래 살았을 텐데, 그렇지 못하게 되었다.

그 뒤 소년은 식인귀를 만나 죽을 고비를 넘기고 간신히 마을로 돌아왔다. 마을로 돌아온 소년은 사람들에게 자신의 모험담을 들려주었고, 사람들이 불이 필요하다고 하자 장작을 옮기고 불덩이를 나를 수레를 가지고 표범을 다시 찾아갔다. 불을 얻으러 왔다고 하자 표범은 환대하며 인간에게 흔쾌히 불을 선물해 주었다.[17]

불기원신화의 전형적인 모습을 보여준다. 불기원신화에는 표범을 비롯한 동물들이 불을 가지고 있고, 그것을 인간이 훔치거나 빼앗는다는 내용이 많다. 또 불을 얻은 대가로 죽음이 생겨났다고 이야기하는 신화도 흔히 찾아볼 수 있다.

위의 신화는 레비스트로스C. Lévi-Strauss에 의해 널리 알려진 불기원 신화이다. 그는 《신화학 1: 날것과 익힌 것》에서 위의 신화를 이와 유사한 양상을 보이는 신화들과 함께 묶어 불기원신화를 분석하는 중요한 자료로 활용하고 있다. 또한 그 뒷부분에서 다루는 인간의 단명신화, 즉 죽음기원신화의 해석 부분에서도 이 신화를 들어 불과 죽음의 기원을 서로 관련지으며 설명하고 있다.[18]

위의 신화는 인간이 불을 얻는 과정을 이야기하는 데에 죽음의 기원이 끼어든 형태라고 할 수 있다. 그런데 다른 신화에서는 인간이 신에게 불을 얻는 대가로 죽음을 부여받기도 하는데, 이처럼 인간이 불과 죽음을 바꾸는 이유가 화식火食 때문이라고 밝히는 신화가 있다.

옛날 사람들은 불을 갖고 있지 않았다. 그래서 인간은 무엇이든 날것으로 먹어야만 했다. 이때는 인간이 죽지 않았다. 나이가 들면 신이 다시금 젊어지게 해주었기 때문이다.

그러던 어느 날 사람들은 '날 음식이 너무 밍밍하고 맛이 없으니 신에게 화식을 할 수 있도록 불을 좀 달라고 하면 어떨까?' 하고 생각했다.

한 사람이 용기를 내어 신에게 이런 소원을 말했더니, 신은 "너희는 죽어도 괜찮으냐? 죽어도 괜찮다면 너희들에게 불을 주겠다."라고 말했다.

사람들은 불을 얻을 수 있다면 죽어도 괜찮다고 하며 승낙했다. 그래서 인간은 신에게 불을 건네받은 이후로 죽어야만 했다.[19]

에티오피아 달랏세족에게 전하는 죽음기원신화로, 인간이 불을 얻는 대가로 지불해야 하는 것이 바로 죽음이다. 특히 죽음을 감수하면

인류 초기 나무를 마찰해서 불을 피우는 과정을 재현하는 중국 이족의 불축제 모습. 죽음기원신화에서는 인간이 불을 얻는 과정에서 죽음이 생겨났다고 하며, 특히 화식과 죽음을 맞바꾸었다고 한다.

제3장 끝과 시작, 둘이 아닌 하나

서까지 불을 필요로 했던 이유는 다름 아닌 음식을 익혀 먹고 싶어 서였다. 앞서의 신화에서는 불의 기원에 죽음의 기원이 끼어든 형태였 다면 이 신화에서는 구체적으로 인간이 화식을 원했기에 죽음을 얻 었다고 말한다. 즉, 날것을 먹던 데서 익힌 것을 먹는 문화의 발전이 죽음의 결정적 요인이라는 것이다.

이 신화에는 자연과 문화의 대립이 내재되어 있다. 불을 얻고 화식 을 하는 결과로 죽음이 도래했으니, 날것을 먹으면서 자연 그대로를 유지했다면 인간은 죽지 않을 수도 있었다고 말하는 것이기도 하다.

자연의 상태에서 문화의 상태로 전이되는 것은 인류가 발전하기 위한 필연적인 수순이다. 하지만 그만큼 혹독한 대가를 치러야 한다 는 사실을 신화가 우회적으로 알려주고 있는 것은 아닐까?

──────── 겨울은 어떻게 죽음의 계절이 되었나

바빌로니아의 사랑과 아름다움, 그리고 생산의 신으로 표현되는 이슈타르는 애인 탐무즈Tammuz를 찾으러 죽음의 세계를 여행한다. 이슈타르는 생산의 신이기에 그가 지하 세계에 있는 동안에는 지상에 농작물이 전혀 자라지 않았다고 한다. 그리스의 데메테르Demeter 신화에서 페르세포네가 죽음의 세계에 있는 1년 중 3분의 1에 해당하는 기간에는 농작물이 생산되지 않았다는 것과 같은 맥락이다.

생산의 신 이슈타르에게는 낯선 여행이 기다리고 있었다. 이슈타르는 그녀의 악독한 언니 에레쉬키갈Ereshkigal이 다스리는 죽음의 세계를 한 번도 가보지 못했는데, 이번에 방문하게 된 것이다. 죽음의 세계는 함부로 갈 수 있는 곳이 아니어서 이슈타르는 다른 신들에게 갈 수 있게 해달라고 부탁해서 겨우 허락을 받았다. 저승의 사정을 아는 다른 신들은 그곳이 어떠한지를 잘 알기에 내키지 않았으나 너무도 간곡하게

바빌로니아의 생산신 이슈타르의 신상. 보스턴 파인아트뮤지엄 소장

부탁하기에 마지못해 허락을 해주었다.

이슈타르는 저승으로 가기 위해 길을 나섰다. 한참을 가서 저승의 첫 번째 문에 다다랐는데, 문지기가 저승문을 열어주지 않았다. 그러자 이슈타르는 '문을 열지 않으면 문을 부수고, 죽은 자를 일으켜 세워 산 자를 먹게 해서 죽은 자가 산 자보다 훨씬 많아지게 하겠다'는 내용의 노래를 부른다.

문지기는 할 수 없이 저승의 여신 에레쉬키갈에게 이슈타르가 저승문 앞에 와 있다고 보고했다. 동생이 먼 데서 왔음에도 에레쉬키갈은 하나도 반가워하지 않았다. 오히려 얼굴이 창백해지더니 "무엇이 그 아이를 이곳으로 오게 했을까? 아내를 남겨놓고 떠나온 남자들을 위해 애도해야 하나? 애인의 품을 떠나온 처녀를 위해 애도해야 하나? 창창한 앞날을 두고 죽은 어린 것들을 위해 애도해야 하나?" 이렇게 한탄하며, 문지기에게 "이슈타르가 지하 세계의 법도를 따를 경우에만 들여보내라." 하고 명했다.

죽은 자들은 지상에 거처했던 때의 모든 재물과 특권을 버려야만 했다. 보석이나 옷가지도 마찬가지였다. 일단 죽고 나면 모두가 평등하기 때문이다. 지하 세계에는 빛이라고는 한 줄기도 없고, 영혼들은 먼지와 흙을 먹어야 했다.

첫 번째 문에서 이슈타르는 이런 저승법에 따라 왕관을 벗어주었다. 두 번째 저승문에서는 귀걸이를 풀어주었고, 세 번째 문에서는 목걸이를, 네 번째 문에서는 가슴 장신구를, 다섯 번째 문에서는 허리띠를, 여섯 번째 문에서는 팔찌와 발찌를 풀어주었으며, 마지막 일곱 번째 문에서는 옷을 모두 벗어주었다. 그녀는 이제 아무 것도 걸치지 않은 알몸이 되어버렸다.

이슈타르가 마지막 문 안으로 들어서자 언니 에레쉬키갈은 동생에게 소리를 질렀다. "여긴 왜 온 것이냐? 죽은 자의 몰골이 궁금한 게냐?" 하면서 부하들에게 시켜 60여 가지의 고통을 이슈타르에게 안겨주도록 했다. 그 형벌은 죽은 자들을 벌할 때 사용하는 것으로, 이는 이슈타르에게 부위별로 크나큰 고통을 가져다주었다.

한편 다른 신들은 천상 세계에서 이런 모습을 지켜보고 있었다. 신들의 근심은 나날이 커져 갔다. 이슈타르가 죽음의 세계에 가 있는 상태여서 지상의 모든 생식 작용이 멈춰버렸기 때문이다. 남자들은 여자에게 더 이상 씨를 뿌리지 않았고, 소나 말도 마찬가지였다. 나무들은 열매를 맺지 않아 사람들은 먹을 게 없었다. 그러자 전령신 파프수칼Papsukkal은 달의 신 신Sin에게 달려가, 이슈타르가 지하 세계에 오래 머문다면 지상의 모든 생물이 죽음을 면치 못할 것이라고 전했다.

문제를 해결할 방법을 찾던 이슈타르의 오빠인 물의 신 에아Ea는 아수슈나미르Asu-shu-namir라는 거세된 남자를 창조했다. 에아는 아수슈나미르를 지상의 그 어느 남자보다 아름답게 만들었다. 아수슈나미르를 저승의 여신 에레쉬키갈에게 보내고 그 대신 이슈타르를 돌아오게 하려는 것이었다.

아수슈나미르가 저승의 첫 번째 문에 도착하자, 문지기는 지상에서 아주 잘생긴 남자가 에레쉬키갈을 찾아왔다고 보고했다. 이슈타르가 저승의 마지막 문에서 빠져나올 때 아수슈나미르는 첫 번째 문을 통과했다. 문지기는 이슈타르에게 옷을 돌려주었다. 이슈타르가 저승의 다음 문을 통과할 때에 팔찌와 발찌를, 그다음에는 허리띠, 가슴 장신구, 목걸이, 귀걸이를 차례로 돌려받았으며, 마침내 저승의 첫 번째 문에서 왕관을 돌려받으며 자유의 몸이 되었다. 아수슈나미르는 그녀와 반대

경로로 저승문을 차례로 통과하여 마지막 문에 다다랐다. 드디어 그가 지하 세계로 통하는 마지막 문을 통과하면서 옷을 벗는 순간, 에레쉬키갈은 그가 거세된 남자라는 사실을 알게 되었다. 에레쉬키갈은 자신이 오빠와 여동생에게 속았다는 사실을 알고는 크게 분노했지만 이미 어쩔 수 없었다.

이슈타르가 지상으로 돌아오자 모든 생명체들이 다시 싹을 틔우고 번성하기 시작했고, 세상의 모든 것이 제자리로 돌아왔다.[20]

이슈타르 신화는 지상의 생산력 회복과 관련된 신화이다. 생산의 신 이슈타르가 죽음의 세계로 떠나자 세상 만물의 성장과 생산이 정지된다. 신들은 이슈타르가 지상에 없어서 생긴 황폐함을 회복하기 위해 아수슈나미르라는 거세된 남자를 창조해 죽음의 세계로 보내 이슈타르를 대신하도록 한다. 불임여성으로부터 인간에게 죽음이 비롯되었다고 하듯이 생산력이 없는 존재를 죽음의 세계로 보내는 것은 당연한 신화적 전개이다. 죽음의 세계에 생산이 필요할 리 없다.

그런데 이슈타르뿐만 아니라 세계 여러 신화에서 생산신의 성격을 지닌 존재가 죽음의 세계를 방문하는 것은 주목할 만하다. 데메테르의 딸 페르세포네와 오시리스 등이 대표적인 존재이다. 이들은 이승과 저승을 오가며 생활하거나 죽음과 재생을 거듭하는 양상을 보인다.[21] 그렇다면 생산신은 왜 죽음의 세계를 방문하는 것일까?

지상에서 작물은 일 년 내내 재배되지 않는다. 물론 지역에 따라 사정은 다르지만 지구상의 많은 지역이 겨울철을 작물이 생산되지 않는 죽음의 계절로 여긴다는 데에서 답을 찾을 수 있다. 겨울은 추위로 씨앗을 뿌려도 생산이 이루어지지 않는다. 따라서 죽음의 계절이라고 해도 틀리지 않다. 생산신의 죽음 세계 방문은 지상에 생산이 멈추는 시기가 있음을 상징적으로 드러낸 것이다.

엘리아데M. Eliade는 '대지=여성=풍요=재생'의 등식을 제시한 바 있다.[22] 이슈타르가 죽음의 세계를 다녀온 것은 곧 재생의 의미를 지닌다. 겨울이 지나고 황량한 대지에서 작물들이 다시 생겨나고, 그것이 또 결실을 맺듯이 재생을 통한 풍요를 얻는 것이 생산신의 직능이다.

생산신, 즉 곡물신이 죽음의 세계를 방문하는 것은 황폐해진 겨울의 통과를 상징적으로 표현하는 것이고, 그 과정에 새로운 생산, 즉 재생을 통한 풍요를 갈구하는 의식이 반영되었다고 할 수 있다.

생산신의 죽음 세계 방문이 사계절과 밀접하게 연관되어 있고, 겨울철에 곡물의 생장이 멈추는 것을 상징한다는 해석은 그리스 신화의 데메테르와 그녀의 딸 페르세포네 이야기에도 적용된다. 곡물의 신 데메테르가 잃어버린 딸을 찾는 동안 지상에서는 모든 곡물의 생장이 멈추고 만다. 또 그녀의 딸 페르세포네가 일 년의 시간을 죽음의 세계와 지상에서 나누어 보내는 것을 계절의 변화에 따른 곡물의 생장 모습으로 비유하는 것과도 상통한다.

이승과 저승에 나누어 사는 생산신

데메테르는 대지의 여신, 농업과 곡물의 여신으로 숭앙받는다. 데메테르에게는 애지중지하는 딸이 있었는데, 제우스와의 사이에서 낳은 페르세포네였다. 데메테르가 딸 페르세포네를 잃어버리고서 고통스러워하며 슬픔에 빠지자 온 세상이 혼란에 빠진 때가 있었다.

저승의 신 하데스Hades가 어느 날 지상으로 올라왔다가 에로스Eros의 화살을 맞고 들판에서 수선화를 꺾고 있던 페르세포네에게 반한다. 하데스는 단숨에 준마가 끄는 전차를 몰고 가서 비명을 지르는 페르세포네를 낚아채어 지하 세계로 데리고 가 자신의 아내로 만들어 버렸다.

페르세포네의 비명 소리를 헤카테Hecate 여신이 들었고, 태양의 신 헬리오스Helios가 그녀가 강제로 끌려가는 장면을 목격했다. 또 산과 바위들이 그녀의 비명 소리를 메아리로 만들어 어머니 데메테르에게 전했다.

데메테르는 엄청난 슬픔에 사로잡힌 채 딸을 찾아 대지 위를 이리저리 돌아다녔다. 아흐레 동안 먹지도 쉬지도 않고 지상을 헤매고 다니자,

데메테르를 안타깝게 여긴 헤카테가 그녀를 헬리오스에게 데려갔다. 헬리오스는 자신이 목격한 것을 말해주면서 그 일이 제우스의 뜻이기도 하다고 알려주었다. 그 말을 들은 데메테르는 비탄과 분노에 빠졌다.

데메테르는 올림푸스를 빠져나와 인간 세상을 방랑하다가 엘레우시스Eleusis에 도착했다. 데메테르는 엘레우시스의 왕 켈레오스Keleos의 궁전에 머물면서 그의 어린 아들 데모폰Demophon을 돌보았다.

그러던 어느 날 데메테르가 데모폰을 불멸의 존재로 만들어 주려고 한밤중에 아이를 벽난로의 불길 속에 넣었는데, 왕비가 그 광경을 보고는 놀라서 비명을 질렀다. 그러자 데메테르는 어쩔 수 없이 자신의 정체를 밝혔으며, 엘레우시스 사람들은 데메테르를 위해 신전을 짓고 성찬聖餐을 올렸다. 데메테르는 신전에 머무르며 본연의 생산신 임무는 잊고 딸을 애도했다.

데메테르가 비통함에 빠져서 모든 일에 손을 놓자 대지는 황무지로 변해갔고, 농작물은 더 이상 열매를 맺지 않았다. 대지는 어떤 씨앗을 뿌려도 싹을 틔우지 않았다. 소들은 들판에서 수도 없이 헛된 쟁기질만 해야 했다.

결국 신들의 왕 제우스가 데메테르를 소환했다. 하지만 그녀는 딸을 찾기 전에는 절대 올림포스로 돌아가지 않겠다며 완강하게 거부했다. 제우스는 할 수 없이 전령 헤르메스를 저승으로 보내 페르세포네를 그녀에게 돌려보내게 했다.

교활한 하데스는 페르세포네를 지상으로 돌려보내라는 형의 명령에 복종하는 척하면서도 사실은 그녀가 죽음의 세계로 다시 돌아오도록 하기 위해 떠나기 전 석류씨 한 알을 먹였다. 죽음의 세계에서 아무것도 먹지 않아야 지상으로 돌아와도 문제가 없다. 하지만 음식물을 섭취하는 것은 그곳으로 되돌아가야 함을 의미한다. 그런 이유로 페르세포네가 어머니 데메테르와 재결합할 수 있는 기간은 한시적일 수밖에 없었다.

제우스는 페르세포네로 하여금 한 해의 3분의 2는 지상에서 어머니와, 나머지 3분의 1은 눅눅한 어둠의 세계인 저승에서 하데스의 부인으로 지내라고 명령했다. 그래서 페르세포네는 1년 중 3분의 2는 지상에 머물 수 있지만 식물이 사그러드는 겨울철에는 지하 세계에 머물러야만 하는 운명을 갖게 되었다. 데메테르는 불만이 없지는 않았지만 제우스의 명령을 수용하기로 했다. 데메테르가 발을 굴러 대지를 자극하자 그녀의 발 아래에서 보리 싹이 움터 올라 무르익었다.[23]

영국박물관 큐레이터 루실라 번Lucilla Burn은 데메테르와 페르세포네 신화에는 인간의 삶에 관한 두 가지 의미가 내포되어 있다고 한다.

첫째, 페르세포네가 지하 세계와 지상에서 시간을 나누어 보내는 것은 한 해가 여러 계절로 나뉘어 있음을 비유한 것이고, 신화의 내면에는 인간이 생명을 유지하기 위해 필요한 곡식을 생산하고 축적하는 일과 관련되어 있다. 특히 곡물의 신 데메테르가 작물을 돌보지 않으면서 곡식이 자라지 않아 인간이 기아에 직면하자, 그녀를 믿던 엘레우시스 사람들이 성찬 의례를 행하는 것은 데메테르를 달래어 곡식의 결실을 맺기 위한 의식의 과정이다.

둘째, 하데스가 페르세포네를 납치해 결혼하는 것은 소녀들이 성장하면 집을 떠나야 하며, 소녀가 자신의 가족과 분리되어 아내의 의무를 시작하면서 또다른 신분으로 사회에 재통합하는 과정을 보여주는 것이다.[24]

인간에게 농사법을 가르치기 위해 떠나는 트립톨레모스Triptolemos에게 곡물신 데메테르가
보리 이삭을 건네주는 모습. 페르세포네는 소년의 머리에 손을 얹고 축복을 내리고 있다. 메
트로폴리탄박물관 소장(복제품). 본래 유물은 B.C. 440~430년 무렵에 제작된 로마 시대 대
리석 부조로, 아테네 국립고고학박물관에 소장되어 있다.

두 가지 주장 중 여기서의 관심사는 첫 번째 부분이다.

데메테르는 회화나 조각에서 곡식의 이삭으로 엮은 관을 머리에 쓰고, 손에는 보리 이삭을 든 모습으로 묘사되는 경우가 많다. 곡물신의 모습을 형상화한 것인데, 손에 보리 이삭을 들고 있다는 점을 주목할 만하다. 특히 위의 신화에서는 발을 굴러 보리 싹을 움트게 했다고 한다. 그렇다면 데메테르는 곡물신의 역할을 다시 수행하면서 왜 하필 보리 싹을 틔우는 일부터 시작했을까? 곡물이 자라나는 1년의 3분의 2는 딸과 함께 지상에 있다고 했는데 말이다.

보리는 여타의 곡식 종자와는 달리 가을에 파종해서 주로 봄에 수확한다. 페르세포네가 죽음의 세계에 가 있는 기간인 동절기 작물이다. 그럼에도 데메테르가 보리 싹을 틔우는 것은 딸이 죽음의 세계를 왕래하는 대가로 보리 종자를 획득한 것이라는 의미로 해석할 여지가 있다. 특히 우리나라를 비롯해 중국, 일본 등 여러 나라에서 특정 곡물의 파종이 늦어 수확도 늦어진 이유를 설명하는 곡물기원신화가 전승되고 있음을 주목할 만하다.

이쯤에서 보리 또는 밀과 같은 곡식의 파종이 늦어진 이유를 설명하는 우리 신화를 함께 이야기하면 좋을 듯하다. 고구려 건국 신화인 동명왕 신화에는 주몽의 어머니인 유화가 고구려를 세우기 위해 남하하는 주몽에게 오곡 종자를 건네준다. 하지만 보리 종자를 깜빡 잊고 두고 와 유화부인이 비둘기를 통해 뒤늦게 보리 종자를 보내준다. 보리의 파종과 수확이 늦어진 까닭에 대한 설명이다.[25]

한편 제주도의 〈세경본풀이〉에도 비슷한 삽화가 들어 있다. 여주인

곡식을 손에 들고 있는 데메테르의 신상. 신화에서 죽음과 생산은 서로 밀접한 호응관계가 있다. 그리스 신화의 데메테르, 바빌로니아 신화의 이슈타르 등 생산신들은 죽음의 세계를 여행하는 과정을 거친다. ⓒ 장주근

공인 자청비는 하늘의 변란을 물리친 공로를 인정받아 하늘에서 오곡 종자를 받아오지만 메밀 종자를 두고 와 하늘에 다시 올라가서 받아오면서 메밀 파종이 다른 곡식보다 늦다고 한다.

중국 윈난성 소수민족 나시족의 신화에서는 주인공이 천상에서 결혼을 하고 아내와 함께 인간 세상에 내려올 때 인간이 즐겨 먹는 여러 가지 식물의 종자를 가져오는데, 순무 종자만을 놓고 와 뒤늦게 다시 가져오면서 순무 파종이 늦어졌다고 한다.[26]

이런 신화들은 농작물의 기원 성격을 지닌 신화이다. 여러 곡식 중 특정 씨앗을 잊거나 빠뜨려서 뒤늦게 그 곡물을 받아와 그것만 파종

이 늦어지거나 수확이 늦어진다는 전개는 곡물기원신화가 보여주는 하나의 패턴이기도 하다.

페르세포네는 일 년을 이승과 저승을 나누어 살게 된다. 이런 거주 기간의 설정은 대체로 농작물이 생산되는 시기와 맞물려 있다는 것은 파악하기 어렵지 않다. 그녀가 지상에 머무는 동안 곡물들이 잘 자라도록 관리하는 것은 물론이다. 그리고 곡물 수확을 마치는 가을철이면 저승으로 돌아가는 것을 주기적으로 반복한다.

하지만 그녀가 죽음의 세계에 가 있는 기간에도 생산되는 곡물이 있으니 보리와 같이 가을에 파종해서 봄에 수확하는 곡물이다. 그녀가 죽음의 세계로 돌아가서 머무르고 있으니 본래 생산이 이루어지는 것이 비정상적이나 그녀가 이승과 저승을 왕래하게 되면서 가을에 파종해서 봄에 수확하는 곡물마저 얻게 된 것이다. 데메테르와 페르세포네 신화는 이처럼 인간이 죽음의 계절에도 생산이 가능한 곡물을 갖게 되는 과정도 아울러 보여주고 있다.

서천꽃밭, 사람의 생명을 다루는 곳

서쪽 하늘 저 멀리에는 천리마를 잡아타고 강을 세 개나 건너야 도달할 수 있는 하늘의 꽃밭이 있다. 이 꽃밭에는 꽃감관이라는 천상의 벼슬아치가 꽃을 가꾸는데, 그가 꽃을 어떻게 가꾸느냐에 따라 인간의 수명과 건강이 정해진다.

꽃감관이 꽃을 정성껏 잘 돌보고 가꾸면 인간 세상에 사는 그 꽃의 사람은 생기 있고 건강하게 살지만, 물을 주지 않고 잘 돌보지 않아 벌레가 먹거나 시들면 그 꽃의 사람은 병들거나 다치고 시름시름 앓다가 마침내 꽃이 지면 사람도 죽는다고 한다. 즉, 세상 사람들은 이 서천꽃밭에서 자신의 꽃이 어떻게 자라는가에 따라 그대로 살아가게 된다.

그런데 이 꽃밭에는 인간 수명을 옮겨놓은 꽃들만 자라는 것은 아니다. 수레멸망악심꽃, 싸움싸울꽃, 웃음웃을꽃 등 인간에게 벌을 주고 고통을 내리는 꽃이 있는가 하면 뼈살이꽃, 살살이꽃, 도환생꽃 등 죽어서 육신이 해체되어 뼈만 남더라도 그 사람을 살려낼 수 있는 꽃도 자란다. 제주도 신화로 전해지는 꽃밭의 주인, 할락궁이부터 만나보자.

  옛날 거부巨富인 임진국과 몹시 가난한 김진국이 한 마을에 살고 있었다. 둘은 친구 사이였는데, 둘 다 마흔이 넘도록 자식을 갖지 못했다.

  어느 날 동관음사의 부처님에게 빌면 아이를 낳는 데 효험이 있다는 말을 듣고는 둘은 아침저녁으로 백일 동안 열심히 불공을 드렸다. 그 덕분에 김진국은 사라도령이라는 남자아이를 임진국은 원강암이라는 딸을 얻었다.

  두 아이는 이미 어릴 때 부모들끼리 혼사를 올리기로 약조가 되어있었고, 나이가 들어 둘은 결혼을 했다.

  원강암이 아이를 가져 배가 점점 불러올 때쯤이었다. 갑자기 하늘에서 사라도령에게 서천꽃밭을 돌보는 꽃감관으로 가라는 옥황상제의 명이 떨어졌다. 사라도령은 명에 따라 꽃감관 벼슬을 살기 위해 혼자 떠날 채비를 하는데, 원강암이 아이 가진 자신을 두고 가지 말라며 같이 가겠다고 졸랐다. 사라도령은 고민 끝에 어쩔 수 없이 아내를 데리고 길을 나섰다.

  서천꽃밭으로 가는 길은 멀고도 험난했다. 가도 가도 끝이 없는 길이었다. 산달이 다 된 원강암은 부른 배를 안고 더 이상 가기가 어려웠고, 이제 더는 못 가겠다며 그만 주저앉아 버렸다. 그때 아주 큰 기와집이 눈에 들어왔다. 자현장자라는 부자의 집이었는데, 원강암은 자신을 그 집에 팔고 가라고 애원했다. 사라도령은 절대로 그럴 수 없다며 반대했으나 더 이상은 어쩔 도리가 없었다.

원강암은 뱃속의 아기까지 셈을 치러 받고 자현장자의 집 종이 되었다. 눈물로 헤어지면서 원강암은 사라도령에게 태어날 아이의 이름을 지어달라고 부탁했다. 사라도령은 아이의 이름을 '할락궁이'라고 지으라고 했고, 증표로 얼레빗 반쪽을 잘라 건네주었다.

그날부터 원강암의 종살이가 시작되었다. 고단한 나날이 이어졌다. 그런데 어느 날부터인가 밤이면 자현장자가 원강암 방의 문을 두드리며 방문을 열어달라고 했다. 원강암은 처음에는 아이를 가진 몸이라 안 된다고 했다가, 출산 후에는 자신이 살던 곳의 법도는 아이가 열다섯 살이 될 때까지는 다른 사내와 함께 잠을 잘 수 없다고 하면서 이런저런 핑계를 대며 계속 거절했다.

화가 난 자현장자는 앙심을 품고 할락궁이에게 소 50마리를 돌보게 했고, 많은 짐의 나무를 하게 했으며, 밤새도록 새끼를 꼬게 하는 등 쉴 새 없이 일을 시켰다. 또 원강암에게는 하루에 명주 여덟 동을 짜도록 하고 힘든 부엌일을 골라 시키는 등 못되게 괴롭혔다.

그러던 어느 날 할락궁이는 자신이 어느 정도 자랐다는 생각이 들어 어머니에게 아버지가 계신 곳을 알려달라고 하고, 메밀범벅을 만들어 달라고 했다. 할락궁이는 메밀범벅 세 덩이와 아버지가 남긴 얼레빗 반쪽을 가지고 그길로 자현장자의 집을 몰래 빠져나와 도망쳤다.

한참을 도망가고 있을 때 자현장자 집의 천리둥이 개가 쫓아와서 거의 잡힐 지경이 되었다. 할락궁이는 얼른 메밀범벅 한 덩이를 꺼내 천리둥이에게 던져주었다. 개가 메밀범벅을 먹는 동안 할락궁이는 천 리를 달아날 수 있었다. 그런데 이번에는 만리둥이 개가 쫓아왔다. 이번에도 메밀범벅 한 덩이를 던져주고 개가 그것을 먹는 사이에 만 리를 달아났다.

그렇게 쫓아오는 개를 피하고 나니 큰 강이 차례로 앞을 막았다. 처음에는 무릎까지 차는 물을 건넜고, 그다음에는 잔등까지 차는 물, 마지막에는 목까지 차는 물을 힘겹게 건넜다. 그러자 눈앞에 아름다운 서천꽃밭이 펼쳐졌다.

할락궁이는 그렇게 서천꽃밭에 당도했으나 아버지를 만날 방도가 없었다. 그래서 입구에 있는 연못가 수양버들에 올라 이리저리 꽃밭을 살피고 있는데, 꽃밭에 줄 물을 뜨기 위해 궁녀들이 나타났다. 궁녀들이 물을 막 뜨려는 찰나 할락궁이가 손가락을 깨물어 피 몇 방울을 연못에 떨어뜨렸다. 궁녀들은 놀라며 괴이하게 여기고는 위를 올려다보았다. 그랬더니 거기에는 낯선 총각 하나가 나무 위에 걸터앉아 있었다.

궁녀들이 그 사실을 꽃감관에게 보고하니 꽃감관이 손수 나와서 할락궁이를 만났다. 할락궁이가 얼레빗 반쪽을 내어놓으며 자신이 자현장자 집에 두고 갔던 아들이라고 밝히자 꽃감관은 할락궁이가 가져온 얼레빗 반쪽을 자신의 것과 맞춰보고는 친아들임을 확인했다.

꽃감관은 할락궁이를 데리고 서천꽃밭 이곳저곳을 다니며 여러 꽃들의 생리와 효용을 자세히 알려주었다. 그러다가 몇몇 꽃을 꺾더니 "네 어머니는 자현장자의 학대를 받아 이미 돌아가셨다. 너는 이 꽃을 가지고 돌아가서 어머니의 원수를 갚고 어머니를 되살려서 돌아오너라." 하며 꽃을 건네주었다.

할락궁이가 꽃을 가지고 자현장자의 집으로 돌아가니 그 집 식구들이 할락궁이를 죽이겠다고 덤벼들었다. 그러자 할락궁이는 먼저 '웃음웃을꽃'을 허공에 던졌다. 그랬더니 갑자기 식구들이 배를 잡고 웃기 시작했다. 한참을 웃어도 웃음은 멈추지 않았다. 이번에는 '싸움싸울꽃'을 던졌다. 이번에는 식구들 서로가 멱살을 잡고는 죽일 듯이 싸웠다. 마지막으로 수레멸망악심꽃을 던지자 자현장자 식구들이 차례로 죽어갔다. 그때 그 집 막내딸만 살려두었다가 자신의 어머니가 묻힌 곳을 물었다. 막내딸은 원강암을 대밭에 버렸다고 했다. 할락궁이는 급히 대밭으로 가서 어머니의 시신을 수습하고는 뼈살이꽃, 살살이꽃, 도환생꽃을 뿌리니 어머니는 긴 잠을 자고 일어난 듯 되살아났다.

할락궁이는 어머니를 모시고 아버지가 계신 서천꽃밭으로 돌아가 가족 상봉을 하고, 아버지의 꽃감관 자리를 물려받아 인간 세상 사람들의 생명을 관할하는 꽃들을 가꾸며 살게 되었다.[27]

제주도에는 꽃이 인간 생명이라고 말하는 몇몇 신화가 있다. 〈삼승할망본풀이〉에서는 아기를 점지해 주고 태어나도록 도와주는 산신產神의 자리를 두고 두 여신이 꽃 피우기 경쟁을 벌여 꽃을 번성시킨 쪽이 그 직능을 얻게 된다고 한다. 이 신화에서는 또 내기에서 져서 저승할망이 된 용왕국 따님애기가 꽃을 꺾으며 아기에게 질병과 죽음을 내리겠다고도 한다. 인간 생명 하나하나가 모두 꽃과 연결되어 있다는 인식을 담고 있다.

그런데 꽃 하나하나가 인간 생명의 상징이라는 신화는 중국 소수민족에서도 찾아볼 수 있다. 중국 서남부에는 광시 좡족 자치구廣西壯族自治區가 있다. 좡족들이 모여 사는 이곳은 아열대지역에 속해 겨울에도 빛깔 고운 꽃들이 여기저기 피어 있어 꽃에 관한 신화가 많다.

좡족의 창세여신 무류자姆六甲는 꽃에서 태어났다. 하늘과 땅이 갈라진 이후 대지는 황량했는데, 그곳에 잡초가 생겨났고 꽃이 피어났다. 그리고 그 꽃 속에서 머리가 긴 여신 무류자가 탄생했다. 무류자는 화

간쫭산敢壯山 무류자 동굴 모습. 안에는 무류자 신상이 모셔져 있다. ⓒ 김선자

산花山에 있는 천상의 꽃밭에서 수많은 종류의 꽃들을 기르며 살았다. 이 꽃밭은 생명의 꽃을 비롯한 온갖 꽃들이 피는 곳이다.

세상에 살고 있는 인간은 원래 천상의 꽃밭에 사는 꽃이었다고 한다. 여신이 꽃의 영혼을 인간 세상의 어느 집에 보내주면 그 집에 아이가 태어난다. 천상의 꽃밭에는 붉은 꽃과 하얀 꽃이 자라는데 여신이 붉은 꽃의 영혼을 보내면 여자아이가, 하얀 꽃의 영혼을 보내면 남자아이가 태어났다. 여신이 꽃밭의 꽃에 물을 주고 잘 돌봐주면 세상에서 자라는 아이도 건강하고 생기가 넘친다. 하지만 꽃에 물이 부족하거나 벌레가 생기면 세상의 아이도 병에 걸리고 만다. 그럴 때 인간

간쫭산 무류자 동굴 안에 모셔져 있는 무류자 신상. ⓒ 김선자

은 쫭족의 무당인 사공師公에게 청해 영혼 여행을 하게 한다. 사공이 직접 천상의 꽃밭으로 가서 병에 걸린 아이의 꽃을 찾아내 꽃에 생긴 벌레를 없애거나 물을 주면 꽃이 생기를 되찾고, 아이도 다시 건강을 되찾는다. 꽃의 여신이 하얀 꽃과 붉은 꽃을 함께 심으면 인간 세상의 그 남녀는 혼인해 부부가 된다. 그리고 인간이 죽으면 다시 꽃이 되어 천상의 꽃밭으로 되돌아간다.[28]

　〈이공본풀이〉의 서천꽃밭을 연상시키는 신화 내용이다. 그렇기에 김선자 선생은 이런 쫭족의 신화를 서천꽃밭과 연결 지으면서 "하늘 나라 꽃밭은 생명의 근원이며 동시에 영혼이 돌아가는 곳이었고, 그

광시 좡족 자치구의 좡족 여성들이 아기를 업는 데 쓰는 띠. 화려한 꽃들이 가득 수놓아져 있다. ⓒ 김선자

곳에서 사람은 한 송이 꽃이었다."라고 한다.[29]

인간은 스스로 잘 살고 있는 것처럼 보이지만 하늘나라 서천꽃밭에서 자신의 꽃이 어떻게 관리되느냐에 따라 현생에서의 건강이나 수명이 정해진다는 의식이 이 신화에 잘 담겨 있다. 다분히 운명론적 사고를 반영한 신화이다.

그런데 식물의 생장이 인간의 운명 또는 목숨과 연결되어 있다는 사고는 우리 주변에서도 어렵지 않게 접할 수 있다.

민속문화의 본질을 생태학적 측면에서 연구한 임재해 교수는 우리의 생활이나 인식 속에 식물과 인간이 서로 연결되어 있다는 운명 공동체적 관념이 강하게 있다면서 속신俗信을 예로 들어 설명한 바 있다.

> 식물이 말라 죽으면 집안에 불안한 일이 생긴다.
> 솔순이 많이 죽으면 그해 사람이 많이 죽는다.
> 겨울에 대나무 잎이 마르면 다음 해 사람이 많이 죽는다.

이러한 속신은 자연물이 죽거나 좋지 않은 일이 생기면 사람에게도 같은 일이 생기고, 자연물이 잘 자라거나 좋은 일이 있으면 사람에게도 좋은 일이 생긴다는 믿음이 바탕이 된다. 자연물과 사람의 생태를 유기적으로 일치시킴으로써 인간과 자연이 운명공동체라는 인식을 담고 있다.[30] 이런 관념을 구체적이고 서사적으로 형상화한 공간이 바로 서천꽃밭이다.

서천꽃밭은 꽃과 인간을 유기적으로 관계 짓고 일치시키는 공간이다. 하늘나라의 한 모퉁이에 꽃을 키우는 공간이 있으며, 여기에 피는 꽃은 예사 꽃이 아니라 꽃 하나하나가 곧 사람의 생명을 상징한다. 따라서 서천꽃밭에서 꽃을 잘 키우고 보살펴 주어야만 인간이 건강하고 인간 세상이 평화롭게 돌아간다고 믿는다.

인간과 자연이 합일되어 있다는 인식에 따른 결과이며, 그 연장선상에서 인간의 생과 사를 이해하고자 하는 소박한 관념이 엿보인다.

제 4 장

불로불사,
인간의 영원한 꿈

할머니를 알아보지 못한 손자 때문에

젊음을 가져다주는 샘물

초승달이 다시 차올라 보름달이 되는 것처럼

사람의 영생을 빼앗아간 뱀

원래 인간은 나이가 들면 뱀처럼 허물을 벗고 젊음을 유지하면서 영원히 살 수 있었지만, 아이가 다시 젊어진 할머니 또는 엄마를 몰라 보자, 허물 벗는 것을 포기하면서 결국 죽음을 맞을 수밖에 없는 존재 가 되었다. 파푸아뉴기니 동북 지방에 사는 카이Kai족의 죽음기원신화 를 보자.

세상이 맨 처음 시작되었을 때는 사람이 죽지 않았고 젊음을 되찾으 면서 영원히 살았다. 사람들은 갈색 피부가 쭈글쭈글해져 보기 흉해지 면 물속으로 들어가서 노화된 피부를 벗어버리고 하얗고 젊어진 피부 를 새로 얻을 수 있었다.

그 시절 한 노파가 손자와 함께 살았는데, 어느 날 그 노파는 자신의 늙은 몸을 바꿀 때가 되었다고 생각하고 강에 들어가 목욕을 하면서 늙 어버린 피부를 벗어버리고 탄력 있고 윤기가 나는 새 피부를 얻어서 자신이 살던 마을로 돌아왔다.

그런데 노파의 손자는 할머니를 보더니 "당신은 내 할머니가 아니야!"라고 소리를 지르며 도망쳤다. 노파는 자신이 할머니가 맞다면서 손자를 달래주고 이해를 시키려고 갖은 애를 써보았지만 손자는 도무지 믿으려고 하지 않았다. 아무리 노력을 해도 손자가 할머니를 거부하자 할머니는 화가 났지만 할 수 없이 강으로 가서 자신이 벗어던진 쭈글쭈글해진 옛 피부를 건져내어 다시 몸에 덮었다.

노파는 늙어서 보기 싫고 흉한 모습을 한 채 집으로 돌아왔다. 손자는 자신의 할머니가 집으로 돌아오자 크게 기뻐하며 반겼다.

하지만 할머니는 손자에게 화를 내며 "메뚜기 같은 풀벌레들은 껍질을 벗으며 계속 살 수 있지만, 우리 인간들은 오늘부터는 노화된 피부를 벗어버릴 수 없어 죽게 될 것이다."라고 말했다.

그 이후로 인간은 죽게 되었다.[1]

늙어버린 몸의 허물을 벗어버리고 젊음을 되찾는 것이 영원한 생명을 누리는 한 방법이지만 여기에는 문제가 있다. 사람은 혼자 사는 것이 아니라 가족이나 사회 구성원과의 관계 속에서 생활한다. 젊음의 회복은 좋지만 인간관계에서는 혼란이 생긴다. 손자가 젊어진 할머니를 부정하면 관계의 회복을 고민하지 않을 수 없다.

그런가 하면 허물을 벗고 젊음을 회복하는 과정이 너무도 고통스러워 인간 스스로 탈피脫皮를 포기하면서 결국 죽음을 얻게 되었다는 이야기가 중국의 임란이 편찬한 《민간고사집民間故事集》에 전한다.

처음에는 인간이 죽지 않았다. 인간도 매미나 뱀처럼 탈피할 수 있었기 때문이다. 60세 이후 피부가 노화되면 인간은 껍질을 벗어버리고 다시 소년, 소녀의 모습으로 거듭날 수 있었다. 그러나 탈피하는 데 너무도 극심한 고통과 괴로움을 겪어야만 했다.

어느 날 한 노파가 탈피하기 위해 사흘 밤낮을 괴로워했지만 성공하지 못했다. 노파는 고통을 견디지 못하고 큰 소리로 절규했다. "신이시여! 탈피 따위는 하지 않아도 좋습니다. 이렇게 고통스러울 바에는 차라리 죽는 것이 낫습니다." 노파는 결국 그 말대로 얼마 후 숨을 거두었다. 그때 이후로 인간에게는 고통스럽게 탈피하는 일은 없어졌지만, 그렇기 때문에 죽을 수밖에 없는 운명이 되었다.[2]

위의 두 가지 신화에서는 신이 내린 영생, 곧 젊음을 회복해서 영원히 살 수 있는 길을 인간이 스스로 포기하고 만다.

오스트레일리아를 비롯해 멜라네시아, 중국 등 세계 여러 신화에서는 본래 인간은 주기적으로 노화된 껍질을 벗어버리고 젊음을 유지하면서 영생을 누리는 존재였지만, 어떤 계기로 그것이 중단되면서 죽음을 맞이하게 되었다고 한다.[3]

인간의 죽음에는 몸이 노쇠해지는 것에 대한 두려움이 바탕에 깔려 있다. 영생을 누린다고 하더라도 늙어서 제대로 운신조차 할 수 없는 몸으로 생을 영위하는 것은 인간이 바라는 바가 아니다. 그래서 인간이 죽지 않는다는 가정을 전제로 한 신화에는 주기적으로 젊음을 회복하기 위한 장치가 마련된다.

어느 곳에 있는 샘물이나 약수를 마시고 젊음을 회복한다거나 특정한 과일을 먹고 젊음을 주기적으로 되찾는 형태의 이야기가 다양하게 존재한다. 젊음을 유지한 채 영생을 누려야만 가치 있는 삶을 영위할 수 있다는 사고이다. 그런데 이런 주기적인 젊음의 회복은 영원히 유지되지 못하고 결국 죽음이 도래한다.

젊음을 가져다주는 샘이라든가 젊음을 회복시켜 주는 여타 장치가 어떤 이유로 온전히 기능하지 못하면서 문제가 발생한다. 젊음을 되찾아야 하지만 회복하는 데 뭔가 문제가 생기면서 정상적으로 작동하지 못하자 인간은 죽음을 맞이할 수밖에 없는 존재로 변하게 된다.

젊음을 가져다주는 샘물

죽음기원신화에서 노인이 젊음을 회복하는 흔한 방법은 뱀이 허물을 벗듯이 노화된 피부를 벗어버리는 것이다. 이 외에도 늙지 않게 해주는 샘물이나 젊어지는 샘물을 마시는 방법 등이 있다.

그리스 신화에서 신은 늙지 않는다. 늙지 않으니 죽지도 않는다. 그들이 늙지 않는 비법은 넥타nectar라는 신의 음료를 마시고, 암브로시아ambrosia라는 신의 음식을 먹기 때문이다. 여기서 넥타는 신을 늙지 않게 하는 효능이 있으니 젊음을 유지하는 물인 셈이다. 그런데 영원히 젊음을 유지하거나 몸이 늙으면 다시 젊어지도록 하는 것은 신의 전유물만은 아니었다.

루카스 크라나흐Lucas Cranach가 1546년에 그린 〈젊음의 샘The Fountain of Youth〉이라는 작품이 있다. 야외대중탕 같은 곳에서 목욕을 즐기는 모습을 그렸는데, 이곳이 바로 노인을 젊은이로 탈바꿈시켜 주는 샘이다.

루카스 크라나흐의 〈젊음의 샘〉. 왼편의 노인들이 '젊음의 샘'에 몸을 담그고 나오면 오른편처럼 젊음을 회복한다. 베를린 국립회화관 소장

이 샘에 여러 사람이 옷을 벗고 들어가 있는데, 가운데 분수대를 기준으로 왼쪽 물속과 물 밖에는 할머니들이, 오른쪽 물속과 물 밖에는 처녀들이 자리하고 있다. 특히 그림의 왼쪽 부분을 보면 할머니들이 아주 힘겹게 이동하는 모습이 그려져 있다. 혼자서는 걸음도 못 걸을 정도로 노쇠해 젊은 사람의 등에 업혀 오거나, 들것에 실려 오거나, 수레를 타고 오기도 한다. 몇 발자국 걸으면 쓰러질 것 같은 이 할머니들이 이곳으로 모여드는 까닭은 이 샘이 '젊음의 샘'이기 때문이다. 노쇠한 몸이 이 샘에 들어갔다 나오면 젊고 아름다운 몸으로 바뀐다는 소문을 듣고 전국 각지에서 할머니들이 모여든다.[4]

이처럼 젊어지는 샘에서 목욕을 하거나 그 샘물을 마시면 노인이 다시 젊어진다고 하는 관념은 비단 유럽뿐만 아니라 세계 곳곳에 퍼져 있다.

몽골, 시베리아 등지에는 '아르샹 오스'라는 불사不死와 영생永生의

시베리아 이르쿠츠크 툰킨스키 국립공원의 아르샹 약수터 입구 서낭당 나무에 천 조각을 매달아 성수 보호 구역을 표시하고 있다. ⓒ 이선아

물로 여겨지는 '성수'聖水 신앙이 널리 퍼져 있다. 몽골 신화에 따르면 '아르샹 오스'는 영원한 생명을 보장해 주는 영생수이다.

　먼 옛날 미시르라고 불리는 고성古城에 '솔하르나이'라는 1천 살 먹은 사람이 살고 있었다. 하늘에 기원을 드리며 장생불사의 물을 찾아 헤매던 그가 어떤 어두운 동굴 입구에 다다랐을 때였다. 어떤 사람이 몸을 감춘 채 그릇 가득 물을 떠주며 말하길, "솔하르나이야, 너는 하늘이 허락해 3천 년을 살 것이다. 하지만 이 물을 마신다면 하늘과 땅이 변하도록 죽지 않고 영원히 살 것이다."라고 했다.

솔하르나이는 이 일을 친구들과 상의했다. 친구들은 "이 물을 밖으로 가지고 나가서 여러 사람에게 물어보고, 그런 뒤에 거기서 마시는 것이 어떻겠니?" 하고 제안했다.

솔하르나이는 물이 담긴 그릇을 밖으로 가지고 나간 뒤 영원히 살게 하는 이 물을 마셔야 할지 말아야 할지를 사람들에게 물었다. 그런데 의견이 서로 달라 결정을 내리기가 쉽지 않았다.

그때 한 현명한 친구가 그에게 말하길, "이 물을 마시고서 하늘과 땅이 변하도록 죽지 않고 영원히 산다면 네 친척과 친구들이 모두 죽고 없어진 뒤 너 혼자 무엇을 하려고 하니? 훗날 너는 이 물을 마신 것을 후회할 날이 올 거야."라고 했다.

이 말을 들은 솔하르나이는 손에 들고 있던 그릇의 물을 바닥에 쏟아 버렸다. 마침 그 물은 노간주나무에 부어졌고, 그래서 이 나무는 여름이나 겨울이나 변하지 않고 항상 푸른빛을 띠게 되었다.[5]

또한 몽골에는 뱀이 신이 내린 인간의 영생을 빼앗아가듯이 소나무, 잣나무, 전나무, 마황 등 상록수가 인간 대신 영생을 얻게 되었다는 이야기도 전한다. 신이 인간을 영원히 살게 하려고 새에게 시켜 인간에게 영생수를 갖다주게 했는데, 그것을 들고 가던 새가 실수로 어느 나무 위에 떨어뜨려 그 나무가 상록수가 되었다는 것이다.[6]

영생을 주는 샘물 이야기는 우리나라에도 전한다. 짐승이나 신이한 존재가 알려준 길을 따라가니 그곳에 샘이 하나 있었고, 그 물을 마셨더니 점점 어려져서 젊음을 회복하게 되었다는 것이다. 다음은 《한국구비문학대계》에 나오는 설화를 정리한 것이다. 비슷한 이야기

아르샹 약수터 옆 약수 물동이를 안은 여신과 치유의 토템인 곰 형상. ⓒ 이선아

가 초등학교 교과서를 비롯해 다양한 동화책에 실려 있어 아이들에게도 익숙한 설화이다.

옛날 어느 마을에 김 씨 노인 부부가 살고 있었다. 이웃에는 홀아비 박 씨 노인이 살았는데, 그들은 모두 가난했지만 우애가 좋았다.

하루는 김 씨 노인이 산에서 나무를 하고 있는데, 나뭇짐 위에 새 한 마리가 올라앉아 있었다. 노인은 그 새를 잡아다 팔면 쌀 몇 말은 받을 거라고 생각해 잡으려고 했다. 그러자 새는 날아갔고, 산봉우리 근처까지 쫓아갔지만 결국은 놓치고 말았다.

노인은 기진맥진해서 "아이고, 하루 종일 헛일을 했구나. 배도 고프고 목도 마르다." 하면서 주변을 보니 바위 밑에 맑은 물이 고인 샘이 있었다. 그 물을 한 모금 마시고 쉬니 허리가 쭉 펴지고 몸이 젊어지는 기분이 들었다. 조금 있다가 한 모금 더 마셨더니 수염이 빠지면서 피부가 펴지는 것 같았다. 이상한 느낌이 들어 샘에 얼굴을 비춰보니 자신의 모습이 이삼십대 젊은이로 바뀌어 있는 것이 아닌가! 김 씨 노인은 나뭇짐을 가볍게 짊어지고 기분 좋게 산을 내려왔다.

그 무렵 집에서는 밤늦게까지 기다려도 김 씨 노인이 오지 않자 아내가 집 밖에 나와 서성거리며 기다리고 있었다. 그런데 저 멀리 젊은 사람 하나가 나뭇짐을 지고 내려오는 것이 보였다. 가까이에서 보니 자신의 남편이었다.

김 씨 노인은 아내에게 "내가 신기한 샘물을 발견했소. 그 물을 마시면 이렇게 다시 젊어지더라구. 날이 밝으면 같이 가서 그 물을 마십시다."라고 말했다.

다음 날 날이 밝자 부부는 서둘러 샘이 있는 곳으로 올라갔다. 아내가 샘물을 한 모금, 두 모금, 세 모금을 마시니 다시 젊어지며 아름다운 모습을 회복했다.

김 씨 노인 부부는 박 씨 노인에게도 이 사실을 알려주었다. 부부는 박 씨 노인이 샘으로 가는 것을 보고 집으로 돌아왔는데, 밤이 깊어도 박 씨 노인은 돌아오지 않았다.

다음 날 아침이 되어도 돌아오지 않자 부부는 걱정이 되어 산속의 샘으로 찾으러 갔다. 거기에는 박 씨 노인의 옷이 있었는데, 그 속에 아기 하나가 꼬무락거리고 있었다. 샘물을 너무 많이 마셔서 아기가 되어버린 것이다.[7]

경상남도 거창에서 채록된 설화인데, 비슷한 이야기가 김해, 하동을 비롯한 여러 곳에서 전한다. 충청남도 부여에서도 찾아볼 수 있다. 백제의 옛 흔적을 담은 부소산성 안에 고란사皐蘭寺라는 절이 있다. 여기에 고란정이라는 우물이 있는데, 이 우물의 약수를 한 잔 마시면 3년이 젊어진다는 이야기가 전해온다.

이렇듯 젊음을 회복하는 샘물 이야기는 세계 곳곳에서 전승된다. 사람이 나이가 들어 늙으면 특정한 샘물을 찾아가고, 그 샘물을 마시면 젊음을 회복해서 죽지 않는다는 이야기, 그리고 이야기에 담긴 의미들. 늙음과 죽음을 회피하고자 하는 인간의 욕망이 담겨 있다고 볼 수 있다.

부여 부소산성 안에 있는 고란정. 이곳의 약수를 한 잔 마시면 3년이 젊어진다고 한다.

──────── 초승달이 다시 차올라 보름달이 되는 것처럼

사람이 늙으면 노화된 껍질을 벗어버리고 젊음을 회복해서 영생을 누릴 기회가 있었다는 신화와 일맥상통하는 것이 달이 인간에게 자신처럼 재생을 통한 영생을 얻도록 해주려 했다는 내용의 신화이다.

나타났다가 사라지기를 반복하면서 거듭 재생하는 달의 원리와 인간을 일체화해서 인간도 죽지 않고 영원한 생명을 누리게 하고자 했으나 뜻대로 되지 않아 결국 인간이 죽게 되었다는 것이다.

달은 찼다가 기울고 기울었다가 다시 차는 것을 반복하는 속성을 지녔기에 영생의 상징물로 인식된다. 달이 등장하는 죽음기원신화에서는 인간이 본래 달의 속성을 얻어 달처럼 죽었다가 다시 살아나기를 반복하며 영원히 살 수 있었는데, 어느 순간 그런 재생 능력을 잃어버리면서 죽음을 맞게 되었다는 이야기가 하나의 공식처럼 되어 있다. 그런데 그 전에 달과 인간이 영원한 생명을 두고 경쟁을 벌이는 신화도 있어 흥미롭다.

최고신 리반자Libanza는 어느 날 영원한 생명을 내릴 생각으로 심부름꾼에게 달에 사는 사람과 지구에 사는 사람을 데려오라고 시켰다.

달나라 사람은 소식을 듣자마자 서둘러 신에게 달려왔다. 리반자는 그들의 민첩한 행동에 대단히 만족해하며 보상을 주었다. 신이 달에게 칭찬하여 말하길, "너는 내가 불렀을 때 즉각 내게로 왔으니 너는 결코 영원히 죽는 일은 없을 것이다. 너는 한 달에 이틀 동안만 죽게 될 것인데, 이는 단지 너를 쉬게 하기 위한 것일 뿐 죽게 하는 것은 아니다. 잠깐의 휴식 뒤에 너는 더 찬란한 모습으로 돌아올 것이다."라고 했다.

한편 지구의 사람은 소식을 듣고도 한참이나 지난 뒤에야 리반자 앞에 나타났다. 신은 화가 잔뜩 나서 말하기를, "너는 내가 불렀을 때 즉각 내게로 오지 않았으니, 어느 날 죽게 된다면 다시 살아나지 못하고 바로 내게로 오게 될 것이다."라고 했다. 이런 이유로 인간은 영원한 생명을 얻지 못했고, 달은 그것을 얻게 되었다.[8]

중앙아프리카 콩고강변에 사는 원주민 우포토Upoto족의 죽음기원 신화이다. 신은 죽음을 내릴지 영생을 내릴지 고민하면서 그 대상을 선정하는데, 자신의 말에 순종하는 존재를 선택한다. 이때 인간은 신의 말씀에 순순히 복종하지 않아 달에게 영생을 빼앗기고 죽음을 얻는다. 여기서 달과 인간을 경쟁시켜 승자인 달에게 영생을 주었다는 설정 자체부터가 독특하다. 보통은 신화에서 죽었다가 다시 살아나는 형태로 인간에게 영생을 부여하는 신적 존재가 바로 달인데, 본래는 달과 인간이 영생을 두고 신의 선택을 받고자 다투던 존재였다는 것이다.

이처럼 경쟁을 통해 신으로부터 영생을 얻은 달은 신을 대신해 인간에게 영생을 부여하는 존재로 탈바꿈한다. 달이 인간과 경쟁을 통해 영생을 얻어서인지 달은 인간에게 호의적이며, 인간도 자신처럼 영생할 수 있게 배려해주려고 한다. 그러나 달의 의도는 또 다른 신적 존재와 대결을 벌이다가 패하거나, 인간에게 영생의 말을 전하는 전령의 잘못 때문에 결국 실패하고 만다.

다음은 남태평양 피지Fiji 원주민에게 전하는 이야기이다.

> 옛날에 달과 쥐, 두 신이 있었다. 어느 날 두 신이 인간의 종말을 어떻게 하는 것이 적절할지 토의했다. 달은 "인간은 죽음 없이 나처럼 잠시 사라졌다가 다시 살게 하자."라고 했고, 쥐는 "인간은 살다가 나처럼 죽게 하자."라고 했다. 둘이 그렇게 다투다가 쥐가 이겨서 인간은 쥐처럼 죽을 수밖에 없는 존재가 되었다.[9]

위의 죽음기원신화에서도 달은 인간에게 영생을 부여하려는 신적 존재로 등장한다. 특히 달은 인간에게 재생을 통한 영생을 부여하고자 한다. 달은 자신처럼 인간 또한 죽더라도 재생하면서 생명을 유지해야 한다는 입장이다. 하지만 달의 의도는 신화에서 항상 실패하고 만다. 죽음을 내리는 권한을 가진 존재와의 대결에서 패배하면서 인간에게 영생을 주자는 달의 주장은 결국 받아들여지지 않는다.

말레이Malay반도 밀림 속에 사는 만트라Mantra족의 신화에서도 인간은 본래 달처럼 끊임없이 재생하며 사는 존재였으나 인구가 증가함에 따라 세상에 문제가 생기면서 신은 인간에게 영생을 줄 것인지 죽음을 줄 것인지를 두고 선택해야 하는 과정을 겪는다.

여기서는 특히 달의 운행 원리가 인간의 영생과 밀접한 상관이 있음을 구체적으로 밝히고 있다는 점이 특징이다. 하지만 세상의 공간이 한정되어 있어서 인구가 증가하자 그 대책으로 인간에게 죽음을 부여해야 하는가를 두고 형제간에 다툼을 벌인다.

태초에는 인간이 죽지 않았다. 다만 달이 이울 때는 인간도 점점 여위어가고, 달이 차올라 보름달이 되면 인간 역시 다시 통통하게 살이 올랐다. 이리하여 인구가 전혀 줄어들지 않았다. 시간이 지나자 결국 위험 수위에 이를 정도로 인구가 증가했다. 그러자 최초 인간의 자식이 나서서 이런 사정을 아버지에게 알리고 대책을 물었다.

최초의 인간은 태평스러운 성미를 지녀 "인간을 지금처럼 그대로 살게 해라."라고 했다. 그러나 그의 동생은 생각이 달랐다. 식량이 한정되어 있는데 인구가 이렇게 늘어나면 도저히 감당이 안 된다면서 "바나나 나무가 열매를 맺고 나면 시들어 죽듯이, 인간도 아이를 낳아 후세를 남긴 뒤에는 죽도록 해야 한다."라고 했다.

이렇듯 둘의 의견이 다르니 할 수 없이 이 문제를 저승왕에게 판단하도록 했다. 저승왕은 당연히 인간을 죽게 하는 편을 선택했다. 그 이후로 인간은 더 이상 달처럼 젊음을 회복할 수 없었고, 열매를 맺고 나면 시들어 죽는 바나나 나무처럼 죽음을 맞게 되었다.[10]

태초에는 인간이 달의 원리를 그대로 따르는 존재여서 죽음이 없었다. 인간은 달의 원리를 인류 초기부터 인식하고 있었다. 달이 기울고 차는 것을 반복하면서 끊임없이 재생하는 속성을 지녔기에 구석기 시대부터 이미 신앙의 대상으로 삼고 있었다. 프랑스 아브리 블랑샤르Abri Blanchard에는 달이 점차 기울고 다시 차오르는 모습을 순서대로 그려놓은 구석기 암각화가 있다.[11]

그러므로 영생을 갈구하는 인간의 염원을 담은 신화에서는 달이 인간에게 영생을 부여한다는 것을 전제로 한다. 인간에게 영생을 부여하는 신을 달로 설정한 것은 인간의 죽음을 재생과 연관 짓고자 하는 의식과 무관하지 않다. 사라졌다가 다시 생겨나는 달의 재생 원리는 달이 인간에게 영생을 줄 수 있는 존재라고 믿게 했던 것이다.[12]

그런데 항상 방해꾼이 있어 말썽이다. 여기서는 최초 인간의 동생이 반대하면서 영생 대신 죽음을 얻는다. 하지만 달이 등장하는 다른 신화에서는 방해꾼이 토끼로 설정되는 경우가 대다수이다. 그렇기에 이미 앞에서 토끼를 인간에게 죽음을 가져다주는 동물이라고 설명한 바 있다. 남아프리카 공화국의 나마쿠아Namaqua족에게 전하는 신화에서는 달이 인간에게 영생을 부여했으나 토끼의 잘못으로 이를 빼앗겼다고 한다.

옛날에 달이 토끼에게 "내가 죽었다가 다시 살아나듯이 너희도 죽었다가 다시 살아날 것이다."라는 말을 인간에게 전하게 했다. 그러나 토끼가 그 말을 "내가 죽으면 다시 살아나지 못하듯이 너희도 죽으면 다시 살아나지 못할 것이다."라고 반대로 전해버렸다. 이 사실을 알게 된

달이 화가 나서 지팡이를 집어던졌는데 그것이 토끼의 입에 맞아 입술이 갈라졌고, 토끼가 도망가면서 달을 할퀴어 달의 얼굴에 검게 긁힌 자국이 생겼다.

　이런 까닭에 나마쿠아족은 인간의 불사不死를 토끼가 빼앗아갔다고 생각해서 토끼에게 분노를 품고 있다.[13]

이 신화에서는 달이 영원한 생명을 내리는 신적 존재이다. 달이 인간에게 영생을 부여하는 신화에는 나름의 특징이 있다.

여타 죽음기원신화에서는 죽음 자체가 애초에 없는 데서 출발한다. 그러나 달이 출현하는 신화는 죽었다가 다시 살아나는 형태로 인간이 영원한 생명을 얻도록 하고 있어 죽음 자체의 개념이 없는 것은 아니다. 또한 달은 자신의 재생 원리를 적용해서 인간에게 영원한 생명을 주려고 한다. 재생을 통한 영생의 속성을 지닌 달이 인간에게 영생을 부여하는 신의 역할을 하는 것은 자연스러운 신화적 설정이다.

인간에게 죽음은 필연적이다. 하지만 인간은 영원히 사는 것을 갈망했다. 아예 죽지 않는 것이 아니라 하늘의 달을 보며 죽음 후의 재생을 꿈꾸었다. 인류 초기부터 달은 최초로 죽은 자死者로 여겨졌다.[14] 하지만 달의 죽음은 소멸이 아닌 재생을 위한 죽음이다. 그래서 달은 영원히 살기를 원하는 인간의 롤 모델role model이 되었다.

죽음기원신화에는 달이 인간에게 죽음을 부여하는 신화도 있다. 이는 인간이 죽음을 맞이하되 달이 재생하듯 인간도 다시 살아서 돌아올 수 있으면 좋겠다는 염원을 담았다고 볼 수 있다.

그렇기에 달이 등장하는 죽음기원신화에서 인간은 본래 달처럼 재생하며 영원히 살던 존재였다고 하거나, 비록 성사되지는 못했지만 인간이 본래는 달로부터 영원히 살 수 있도록 허락받은 존재였다고 애써 이야기하는 것이다.

사람의 영생을 빼앗아간 뱀

죽음기원신화에서 인간과 뱀은 참으로 악연이다. 인간이 누려야 할 영원한 생명을 뱀이 가로챘으니 말이다.

파푸아뉴기니 뉴브리튼New Britain섬 가젤반도 해안에 사는 멜라네시아인에게는 신이 본래 인간에게 허물을 벗고 영생을 누리게 하려고 했으나 전령의 실수로 인간 대신 뱀이 영생을 누린다는 이야기가 전한다.

토 캄비나나To Kambinana라는 천상의 신은 인간을 사랑해서 죽지 않게 해주려고 했다. 그래서 자신의 아우인 토 코르부부To Korvuvu를 불러 다음과 같이 말했다. "너는 인간에게 가서 불멸의 비밀을 전하여라. 인간은 해마다 노쇠해진 피부를 바꾸면서 살 것이라고 알려주어라. 그러면 인간은 생명을 계속 갱신하면서 죽음으로부터 보호를 받을 것이다. 그리고 뱀에게는 이제 죽을 운명이 되었다고 알려주어라."

그러나 토 코르부는 자신의 임무를 잘못 수행하고 말았다. 그는 오히려 인간에게 죽으라는 명령을 내렸고, 뱀에게 불멸의 비밀을 전했다. 그 이후로 인간은 죽을 운명에 놓였고, 뱀은 해마다 허물을 벗음으로써 죽지 않고 영원히 살게 되었다.[15]

뱀은 죽음기원신화에서 인간 죽음과 관련해 가장 많이 등장하는 동물이다. 신화에 등장하는 뱀의 이미지는 부정적이다. 본래 인간이 누릴 영생을 빼앗거나 전령의 잘못으로 인간을 대신해 영생을 얻는 존재로 묘사되면서 인간에게 원망의 대상이 된다.

뱀은 오래 살거나 영생을 누리는 동물은 아니다. 하지만 허물을 벗고 거듭나며, 겨울잠을 자고 봄에 깨어나는 특성 때문에 지속적으로 젊음을 회복하고 영생을 누리는 동물로 여겼던 듯하다. 그 때문인지 인간이 허물을 벗고 거듭나거나 재생을 통해 영원한 생명을 누리도록 한 신의 혜택을 뱀에게 빼앗기고 만다는 신화가 무궁무진하다.

파푸아뉴기니 신화에서는 신이 인간에게 부여한 영생을 전령이 잘못 전달했기 때문에 뱀이 영생을 얻지만, 아프리카 시에라리온의 코노Kono족은 뱀이 인간의 영생을 도둑질했다고 한다.

옛날에는 최초의 남자와 여자, 그리고 이들 사이에서 태어난 남자아이 하나만 살고 있었다. 최고신은 이들에게 "너희는 아무도 죽지 않을 것이다. 나이가 들면 육신에 새로운 피부가 생겨날 것이다."라고 했다. 그런 뒤 신은 인간에게 줄 새로운 피부를 꾸러미에 싸서 개에게 맡기고는 인간에게 가져다주라고 시켰다.

개는 꾸러미를 들고 길을 떠났다. 그런데 도중에 쌀과 호박을 먹으며 잔치를 벌이는 다른 동물들을 만났다. 동물들이 개에게 함께 놀자고 권유하자, 개는 꾸러미를 내려놓고 함께 잔치를 즐겼다. 그러다가 문득 동물들이 "그 꾸러미 안에 든 것이 무엇이냐?" 하고 물었다. 개는 최초의 인간에게 전해줄 새로운 피부라고 했다.

그런데 뱀이 그 이야기를 엿듣고 몰래 꾸러미를 훔쳐서 다른 뱀들과 피부를 나눠 가졌다.

개는 할 수 없이 되돌아가 인간에게 줄 피부를 도둑맞았다고 신에게 알리고 어떻게 해야 할지 해결책을 물었다. 하지만 이미 때늦은 뒤였다.

그 이후로 뱀에게는 새로운 피부가 생겨났다. 하지만 인간의 피부는 되살아나지 않아 결국 죽는 존재가 되었다. 이런 이유로 뱀은 벌을 받아 쫓겨났고, 사람들은 뱀을 발견하면 죽이려고 한다.[16]

한 걸음 더 나아가 뱀이 인간이 누려야 할 영생을 강제로 빼앗았다는 이야기도 전한다. 베트남 안남Annam산맥에 사는 사람들은 본래 인간이 늙으면 껍질을 벗어버리고 영원히 살 수 있었으나 뱀과 운명이 바뀌었다고 이야기한다.

그들의 신인 느곡 호앙Ngọc hoàng이 사람들에게 사자를 보내 "인간은 늙으면 노화된 껍질을 벗으며 영원히 살 것이다. 그러나 뱀은 늙으면 죽어서 관에 들어가 누울 것이다."라고 전하게 했다.

신의 명령을 받은 사자는 지상으로 내려와 신의 말씀을 그대로 전했다.

그런데 불행히도 그 말을 전하는 곳에 한 무리의 뱀이 있었다. 뱀들은 자신이 죽을 운명이라는 이야기를 듣고 몹시 분노하면서 사자에게 "너는 신의 말씀을 반대로 선포하거라. 그렇지 않으면 우리가 너를 물어 죽이겠다."라고 협박했다. 사자는 무서워 떨면서 신의 말씀을 반대로 전했다. "뱀은 늙으면 허물을 벗으며 영원히 살 것이다. 그러나 인간은 늙으면 죽어서 관에 들어가 누울 것이다."

이렇게 해서 인간은 죽게 되었고, 뱀은 늙으면 허물을 벗고 다시 젊어져서 영원히 살게 되었다. 원래 신의 뜻은 인간이 노화된 껍질을 벗으면서 영원히 살도록 하는 것이었으나 뱀이 영생을 빼앗아 간 것이다.[17]

이러한 신화들은 모두 인간이 늙어서 피부가 노화되면 그것을 바꿀 수 있게 해서 영생을 누리도록 신이 배려해 주었으나 이를 뱀에게 빼앗겼다는 내용이다. 여기에서 뱀은 우연히 기회를 잡거나 스스로 방법을 찾아서 영생을 얻는 것으로 나타난다.

그런데 이와 달리 신이 여러 생물에게 공평하게 부여한 영생의 기회를 뱀은 얻은 반면에, 인간은 그것에 무관심해서 얻지 못하고 죽게 되었다는 이야기도 다양하다.

동아프리카의 와피파Wafipa족과 와벤데Wabende족에게 전승되는 신화에서는 신이 부여하는 영생을 인간은 얻지 못하고 뱀은 얻은 까닭을 다음과 같이 설명하고 있다.

레자Leza라고 불리는 신이 지상으로 내려와 모든 생물을 불러놓고 물었다. "누가 죽지 않기를 원하는가?" 그런데 불행하게도 이 시간에 사람들과 다른 동물들은 모두 잠들어 있었고, 뱀만이 깨어 있었다. 신의 말씀을 들은 뱀은 즉시 자신이 원한다고 대답했다. 그런 까닭에 사람과 다른 동물들은 모두 죽게 되었지만 뱀만은 죽지 않게 되었다.

　뱀은 매년 허물을 벗어 껍질을 새것으로 바꿀 수 있었고, 이렇게 자신의 젊음과 힘을 항상 새롭게 하며 영원히 살게 되었다.[18]

위의 신화에서는 인간이 영생을 얻지 못한 이유가 잠을 자고 있어서라고 했지만, 인간의 무례함 또는 악함 때문에 신이 인간을 버려서 그렇게 된 것이라는 신화도 여럿 있다. 이 경우는 허물이나 껍질을 바꾸면서 영생을 누리는 존재가 새우나 게 등 갑각류를 비롯해 매미, 딱정벌레 등의 곤충류까지 확대되기도 한다. 베네수엘라 오리노코 Orinoco 강변의 토착민인 타마나키에르Tamanachier족의 신화는 이런 면모를 잘 보여준다. 그렇더라도 이처럼 영생을 얻는 형태의 신화에서 뱀이 중심에 있다는 것만은 분명하다.

　창조주가 사람들과 한동안 같이 거주하다가 자신이 건너왔던 대해大海로 돌아가면서 사람들에게 "너희는 앞으로 계속 피부를 바꾸면서 영원히 살게 될 것이다. 뱀이나 딱정벌레, 매미처럼 젊음을 되찾으며 살 수 있을 것이다."라고 말했다.

　불행하게도 그때 한 노파가 그 말을 듣고는 의심하며 비꼬는 투로 "에이"라고 소리쳤다. 창조주는 그 소리에 기분이 상해 신경질적으로 "너희 인간들은 이제 죽을 것이다."라고 말해버렸다. 이런 이유로 인간은 죽게 되었다.[19]

인간은 신이 부여한 영생을 얻을 기회가 있었으나 스스로 버렸다고 말한다. 중요한 시기에 하필 이상한 노파가 등장해서 신의 뜻을 바꾸면서 그 기회를 잃고 말았다. 영생을 얻지 못한 것은 신의 말씀을 전하는 전령의 탓도 아니고, 뱀 때문도 아니었다. 전적으로 인간의 책임인 셈이다.

그런가 하면 남아메리카 기아나Guiana의 아라와크Arawak족에게 전하는 신화에서는 영생을 빼앗긴 것이 뱀과 같은 동물의 탓이 아니라 인간의 악행을 징치하는 차원에서 신에 의해 이루어졌다고 한다.

> 창조주가 자신이 만든 인간이 어떻게 살고 있는지 보려고 지상으로 내려왔다. 하지만 인간들은 아주 악해서 신을 죽이려고까지 했다. 화가 난 신은 인간이 누리고 있던 영원한 생명을 빼앗아 뱀과 도마뱀, 매미, 딱정벌레와 같이 껍질을 벗는 동물에게 넘겨주어 버렸다.[20]

죽음기원신화에서 신이 인간에게 죽음을 내리는 방법은 보통 두 가지이다. 하나는 태초에 신이 인간을 죽지 않는 존재로 만들어 두고 죽음이 없는 상태에서 세상에 죽음이 시작되는 것이다. 다른 하나는 죽음이 이미 세상에 있었지만, 피부를 바꾸거나 인간이 죽었다가 다시 살아나는 재생의 형태로 영생을 누리게 하는 방식이다. 물론 신의 의도는 실패하고 인간은 죽음을 맞는다. 뱀이 출현하는 경우는 대체로 후자에 속한다.

신은 비록 인간을 죽게 하지만 재생을 통해 영생을 누리게 하려는 의도를 가지고 있었다. 그러나 인간은 영생을 얻는 데에 실패하고, 뱀이 인간의 것을 대신 가져가면서 영생을 얻는 데에 성공한다. 이처럼 다른 동물도 아니고 뱀이 영생을 얻는 동물이 된 데에는 이유가 있다.

이미 오래전부터 뱀은 재생의 동물로 여겨졌다. 뱀은 허물을 벗는 동물이다. 산속 바윗가나 숲에서 뱀의 허물을 관찰하는 것은 어렵지 않다. 이처럼 허물을 벗는 동물이라는 점 때문에 뱀은 거듭해서 살 수 있는 동물이라는 인식이 있었다. 더불어 뱀은 겨울잠을 자는 동물로 달과 같이 사라졌다 다시 나타나기를 반복한다고 해서 달동물로 간주되었다. 이처럼 재생하는 동물이라는 속성이 신화에 반영되어 인간의 재생을 빼앗아간 존재로 묘사되는 것이다. 신화에서는 인간이 신에게 재생을 통한 영생의 기회를 부여받기는 했지만 이와 같은 이유로 영생은 본래 인간의 몫이 아닌 뱀의 몫이었다.

영원한 생명을 찾아서

신과 사람을 구별하는 죽음

영웅조차도 피할 수 없는 굴레

불로초를 찾아서

신과 사람을 구별하는 죽음

영웅이 활약하는 영화를 보면 주인공은 대체로 어떠한 상황에서도 죽지 않는다. 세계적으로 큰 인기를 끈 영화 어벤져스 시리즈에는 여러 영웅 주인공들이 동시에 등장하면서 악한들과 대결을 벌이는데, 여기서는 영웅 주인공이 죽음을 맞기도 한다. 2018년 작품인 〈어벤져스: 인피니티 워〉에서는 스파이더맨을 비롯한 절반의 영웅이 죽는 것으로 결말을 맺는다. 그러자 어린이 관객 중에는 자신이 좋아하는 영웅이 죽었다는 사실에 충격을 받아 다시 살려내라고 목놓아 울기도 했다고 한다. 하지만 이처럼 영화의 주인공이 죽음을 맞는다는 설정은 최근에나 가능해진 사고의 전환이다.

시대를 좀 거슬러 올라가면 '람보'나 '코만도'가 최고의 영웅으로 스크린을 누볐던 때가 있었다. 이제는 70대 중반을 넘은 노년이 되어버린 실베스터 스탤론과 아놀드 슈워제네거가 주인공으로 등장했던 추억의 영화에서 말이다.

이 영화들은 베트남전을 배경으로 하는데, 한 명의 영웅 전사가 수천 명을 상대로 뛰어난 능력을 발휘해 어렵지 않게 적들을 물리친다. 총알이 빗발치고 수많은 위태로운 상황이 설정되어 있지만 주인공에게 결코 죽음이란 없다. 그래서 사람들은 우스갯소리로 베트남전에 차라리 대규모 미군을 참전시키지 말고 '람보'와 '코만도' 둘만 파견했더라면 오히려 미국이 전쟁에서 쉽게 승리했을 것이라는 얘기를 하기도 했다.

그러면 신화의 시점으로 시대를 거슬러 올라가 보자. 신들과 영웅들이 주인공으로 등장해 투쟁을 벌이고 모험을 하는 모습이 신화나 서사시에서 흥미롭게 그려지는데, 그렇다면 신화에서 과연 주인공은 죽음을 맞이했을까?

결론부터 미리 이야기하면 영웅은 죽지만 신은 죽지 않는다. 그리스 신화에서 제우스Zeus나 아폴론Apollo이 죽었다는 말을 들어본 적 있는가? 북유럽 신화에서도 오딘Odin이나 토르Thor의 죽음을 다루는 내용의 신화는 없다. 물론 이집트 신화에서는 오시리스Osiris가 동생인 세트Seth에게 죽임을 당하지만 명계를 다스리는 왕, 재생을 통한 곡물신으로 거듭나기 위한 과정일 뿐 인간이 겪는 생물학적인 죽음과는 거리가 멀다.

신은 이 세상이 순리대로 운용될 수 있도록 하는 임무를 맡고 있다. 신이 이를 충실히 수행하지 못하면 세상은 큰 혼란에 빠진다. 데메테르Demeter가 사랑하는 딸을 잃고 슬퍼하며 파업했을 때 세상은 그야말로 혼란 그 자체였다. 모든 생산이 중단되면서 극도로 황폐해졌다. 또

이집트 명계를 다스리는 오시리스의 신상神像. 풍요의 신이기도 하다.
메트로폴리탄박물관 소장

태양의 수레를 모는 헬리오스Helios는 태양의 수레를 하루만 몰아보고 싶다는 아들 파에톤Phaëthon의 간절한 소원을 뿌리치지 못하고 맡겼다가 세상을 재앙에 휩싸이게 만든다.

신은 이처럼 일정한 직능을 가지며 인간에게 숭앙받는 존재로, 어떤 신이 마음에 들지 않는다고 해서 그를 없애버리거나 다른 신으로 직능을 대체할 수 없다. 신은 죽지 않고 계속해서 그 직능을 유지해 나간다.

하지만 영웅은 사정이 다르다. 트로이전쟁의 영웅 아킬레우스Achilleus나 〈니벨룽겐의 노래〉의 지크프리트Siegfried와 같이 우리에게 익히 알려진 영웅들은 죽지 않기 위해 나름의 장치를 마련함에도 결국 죽음을 피하지 못했다. 영웅은 탁월한 능력을 발휘하는 존재로, 그 능력이 뛰어나지만 그렇다고 신은 아니다. 보통은 신과 신의 결합에 의한 탄생이 아니라 신과 인간의 결합에 의한 탄생이라는 혈통상의 한계를 갖는 점도 한몫하는 것으로 보인다.

그렇다면 신은 애초부터 죽지 않았을까?

그리스 신화에서는 신의 음료인 넥타nectar와 신의 음식인 암브로시아ambrosia 등을 먹기에 젊음을 유지하며 영생을 누린다고 한다. 신은 이렇듯 처음부터 영생을 누렸을까? 신화에서는 신들의 죽음에 대해서는 대체로 함구하고 있으므로 어떤 사건이나 계기로 죽지 않게 되었는지는 명확히 알 수 없다.

그런데 인도 신화에는 특이하게 신도 원래는 죽는 존재였으나 감로수amrita를 얻어 영생을 누리게 되었다고 하는 과정을 설명하는 신화가 있다. 태초에는 신이나 악마 모두가 죽음 앞에서 속수무책이었으나 비슈누Vishnu 신이 나눠준 불사의 감로수를 먹고 신만이 영원한 생명을 얻게 되었다는 내용이다.

태초에는 신이나 악마 모두가 죽는 존재였다. 이들도 다른 생명체와 마찬가지로 나이가 들면 결국 죽도록 운명지어져 있었다.

이때 신들은 악마들과 기나긴 전쟁을 치렀는데, 힘이 점차 약해지자 창조신 브라흐마Brahma를 찾아가 도움을 청했다. 브라흐마는 잠시 생각하더니, "비슈누 신에게 가서 도움을 청하도록 하라. 그는 우주의 질서를 유지하는 신이니 도와줄 것이다."라고 했다.

신들이 비슈누 신을 찾아가자 그는 "우유 바다를 휘저어 거기서 나온 불사의 감로수를 마시도록 해라. 그것을 마신 자는 누구든 결코 죽지 않는다."라고 알려주었다. 신들은 우유 바다로 가서 바다를 휘저으려 했지만 너무도 광대해서 저을 수가 없었다. 악마들에게 도움을 청해 함께 해결하려 했으나 그 또한 불가항력이었다. 신들은 다시금 비슈누 신에게 찾아 조언을 구하니, 만다라Mandara산을 옮겨 그것을 뒤집어 바다를 휘저으라고 했다. 하지만 산이 너무 커서 옮길 수조차 없었다.

거대한 뱀인 아난타Ananta의 도움으로 산을 뽑았고, 독수리 가루다Garuda가 산을 옮기는 것을 도와서 천신만고 끝에 우유 바다를 휘저을 수 있었다. 마침내 우유 바다에서 액체가 흘러나오기 시작했는데, 처음 나온 것은 불사의 감로수가 아닌 만물에 치명적인 피해를 입히는 독약이었다. 이 독약은 파괴의 신 시바Siva가 마셔 위험을 피하게 했다.

그 뒤로 신들과 악마들이 끈질기게 우유 바다를 휘젓자 다음으로는 아름다운 암소 수라비Surabhi가 생겨났고, 그 암소는 모든 살아 있는 생

방콕 수완나품 공항의 신화 조형물. '우유 바다 휘젓기' Scene of the churning of the Milk Ocean라고 설명되어 있는데, 신들과 악마들이 함께 만다라산을 막대 삼아 우유 바다를 휘저으며 불사의 감로수를 만들고 있는 모습을 표현한 것이다.

중앙에 네 개의 팔을 가진 존재가 바로 비슈누 신이다.

우주의 질서와 인류를 보호하는 신으로 숭앙받는 비슈누 신상. 8세기 인도 카슈미르Kashmir왕국. 메트로폴리탄박물관 소장

명체의 어머니가 되었다. 그다음은 술의 여신인 바루니Varuni가 생겨났고, 이어서 행운의 여신 락슈미Lakshmi 등이 차례로 생겨났다. 그 후 드디어 신들의 의사인 단완타리Dhanwantari가 생겨났으며, 손에는 병을 들고 있었는데, 그 병에 바로 불사의 감로수가 들어 있었다.

신들과 악마들은 그 병을 먼저 차지하기 위해 서로 싸우기 시작했다. 대지는 점차 죽음으로 뒤덮여 갔다. 신들은 악마를 당하지 못했고, 마침내 악마들이 불사의 감로수 병을 차지해 버렸다. 하지만 그것이 끝이 아니었다. 악마들은 다시 자기들끼리 그것을 먼저 마시기 위해 다투기 시작했다.

그때 이 광경을 지켜보던 비슈누 신이 아름다운 여신 모히니Mohini로 변해서 서로 싸우는 악마들에게 다가갔다. 모히니는 자신의 아름다움으로 악마들을 유혹했고, 자신이 불사의 감로수를 모두에게 공평하게 나눠주겠다고 제안했다. 악마들은 아무런 의심 없이 동의했고, 그 병을 모히니에게 넘겼다.

모히니는 신들과 악마들을 양쪽으로 나눠서 서게 하고 신들부터 차례로 불사의 감로수를 나눠주기 시작했다. 악마들이 차례를 기다리며 서 있는데, 라후Rahu라는 악마가 신들 틈에 몰래 섞여 있었다. 라후의 차례가 되어 감로수를 받아 마시려는 찰나, 태양의 신 수르야Surya와 달의 신 소마Soma가 재빨리 그 사실을 비슈누 신에게 알려주었다. 비슈누 신은 바로 자신의 무기인 원반으로 감로수를 삼키는 라후의 목을 베어 버렸다. 라후의 머리는 하늘로 올라가고, 몸은 땅으로 떨어졌다. 하지만 라후는 입에 불사의 감로수를 머금고 있었기 때문에 머리만은 죽지 않았다.

머리만 불사의 존재가 된 라후는 자신을 일러바친 태양과 달을 용서

할 수 없어서, 태양과 달을 쫓아다니며 삼켜버리려고 했다. 라후는 마침내 태양을 따라잡아 삼킬 수 있었지만 너무 뜨거워 곧바로 뱉어버렸다. 이번에는 달을 쫓아가 삼켰지만 너무 차가워 뱉어버렸다. 그 뒤에도 라후는 계속해서 태양과 달을 따라다니며 삼키려고 했는데, 여기에서 일식과 월식의 자연현상이 생겼다.

이렇듯 신은 불사의 감로수를 마셔 영원한 생명을 얻었고, 결코 죽지 않는 존재가 되었기에 악마와의 싸움에서도 승리할 수 있었다.[1]

신도 본래부터 불사의 존재는 아니었다고 한다. 원래는 신에게도 죽음이 있었으나 영생을 얻는 감로수를 마셔서 비로소 영생을 갖는 존재가 되었다.

이런 내용의 신화는 몽골에서도 거의 유사한 내용으로 전한다. 선신善神인 텡게르Tenggeri와 악신惡神인 아수라Asura가 영생을 주는 감로수를 두고 다투는 내용으로, 태양이 아름다운 소녀로 변신해 아수라에게 빼앗긴 감로수를 훔쳐와 텡게르에게 나눠주는 사이에 아수라가 숨어 있는 것을 달이 알려주어 처치한다는 이야기이다.[2] 두 신화는 인물 설정이나 사건, 전개 양상이 너무도 흡사해서 별개의 신화로 보이지 않는다. 아마도 인도가 몽골에서 신봉하는 티벳 불교를 지원하면서 종교적 영향 때문에 유사한 신화 내용이 건너갔을 가능성이 적지 않다.

그런데 이처럼 신이 불사의 감로수를 마시고 영생을 누리게 되었다는 관념은 인간이 영생을 누리고자 불사의 약을 찾고자 하는 시도와 의식 면에서 그대로 연결된다고 하겠다.

인간이 죽음을 피하고자 불사의 약이나 영생을 얻기 위한 여행을 하는 이야기는 흔히 접할 수 있다. 하지만 이 신화에서는 인간이 아닌 신이 불사의 감로수를 마시고 영원한 생명을 얻는다. 신들이 감로수를 마시고 불사의 존재가 되는 것은 이들이 신이었기에 가능한 일이다.

만약에 인간이 불사의 약이나 감로수를 얻었다면 인간은 과연 영생을 획득할 수 있었을까? 그렇지 못했을 것이다. 인간은 중간에 어떤 방해나 장애가 생기면서 결국은 영생을 얻지 못한 채 좌절하고 만다. 이 점은 영웅도 마찬가지다. 영생은 신의 전유물일 뿐이다.

영웅은 물론 평범한 인간도 영생을 꿈꾼다. 그래서 영원한 생명을 얻기 위해 끊임없이 노력한다. 하지만 불사의 약이나 감로수를 얻었다고 하더라도 영웅이나 인간의 경우라면 실패할 것이 이미 운명적으로 예정되어 있다. 어쩌다 그것을 얻게 된다고 하더라도 마지막에 가서 좌절하는 것이 영웅이나 인간의 숙명인 셈이다. 이런 점에서 죽음은 신과 인간을 구분 짓는 중요한 경계가 되기도 한다.

영웅조차도 피할 수 없는 굴레

신은 영생을 얻었다. 그런데 신화에는 신도 아니고 그렇다고 인간이라고 하기에도 애매한 존재가 등장한다. 바로 영웅이다. 그들이 보여주는 능력은 여느 신에 못지않지만 그렇다고 신의 반열에는 속하지 못하는 반쪽짜리라고 할 수 있다.

영웅들의 죽음은 어떠할까?

그리스 신화의 아킬레우스를 보자. 그의 어머니 테티스Tethys는 바다의 여신이지만 그녀가 낳는 자식은 아버지를 능가하는 최고 능력의 소유자가 된다는 신탁을 듣고 신들은 화들짝 놀라며 겁을 낸다. 신들이 궁여지책으로 생각해 낸 방법은 인간인 펠레우스Peleus와 결혼시키는 것이었다.

아킬레우스는 그의 탄생 과정에서 볼 수 있듯이 신들마저도 그 능력을 두려워하면서 묘책을 논의할 정도였지만, 단지 능력만 출중할 뿐이지 신은 아니다. 심지어 부모 중 한 사람이 신이어서 그 혈통 또

테티스가 아킬레우스를 불사의 존재로 만들고자 스틱스강에 아기의 발뒤꿈치를 잡고 담그는 모습. 페테르 파울 루벤스Peter Paul Rubens 작품

한 신에 닿아 있지만, 그렇다고 인간의 한계를 극복하는 초월적 존재가 되지는 못한다. 죽음이라는 인간의 한계를 고스란히 떠안고 살아가야만 하는 운명이다. 그렇기에 영웅 신화에서는 영웅이 죽음을 피

할 수 있도록 장치를 마련하는 것이 중요한 테마가 되기도 한다.

영웅이 죽음으로부터 벗어나고자 시도하는 방식은 크게 두 가지가 있다.

하나는 영웅이 태어났을 때 그가 태생적인 한계 때문에 죽을 수밖에 없음을 깨닫고 부모 중 하나가 나서서 영생을 얻도록 만들어 주는 것이다. 테티스는 아들 아킬레우스를 불사의 존재로 만들기 위해 갓 태어난 그의 발뒤꿈치를 잡고 저승에 흐르는 스틱스Styx 강물에 온몸을 담궈 목욕을 시킨다. 하지만 안타깝게도 목욕시키기 위해 잡았던 발뒤꿈치에는 강물이 닿지 못해 치명적인 죽음의 통로가 된다.

게르만족의 대서사시 〈니벨룽겐의 노래〉에도 이와 흡사한 장면이 있다. 주인공인 영웅 지크프리트는 반인반신의 존재로, 그의 어머니가 지크프리트를 신과 같은 불사의 존재로 만들기 위해 갓 태어났을 때 용을 베어 그 피로 목욕을 시켜 불사의 신체를 갖도록 했다. 하지만 하필 그때 나뭇잎 하나가 떨어져 몸에 붙어 용의 피가 닿지 못한 곳이 있었는데, 그 부분이 아킬레스건이 되어 지크프리트는 결국 그 부위에 창을 맞아 죽음을 맞는다.

영웅은 신 못지않은 능력의 소유자이며, 아울러 신처럼 영생을 얻을 수 있는 기회도 부여받는다. 이런 시도가 성공했다면 신과 차별되지 않는, 오히려 신보다도 우위에 있는 존재가 될 수도 있었다. 그러니 신이 이를 용납할 리 없다.

불사의 몸이 될 수 있도록 아무리 방법을 찾아도 영웅은 신이 아니기에 죽음은 예정되어 있다. 그렇기에 죽음을 피할 수 있도록 잘 짜여

용을 물리치는 지크프리트. 보스턴 파인아트뮤지엄 소장

제 5 장 영원한 생명을 찾아서

진 계획을 세웠으나 결국은 비극적으로 죽고 만다. 이런 죽음의 설정은 영웅을 위대하게 기억하도록 만드는 하나의 장치일 수도 있다.

어떻든 영웅들은 부모 중 한 명인 신이 적극적으로 나서서 죽음의 한계를 해결해 주려고 애쓴다. 부모 찬스인 셈이다. 신의 능력을 지녔기에 어떻게 해야 태어난 영웅이 죽음을 피할 수 있을지 그 방법도 알고 있다. 영웅 스스로가 죽음을 깨닫거나 극복하는 방편을 찾기보다는 자신의 의지와는 상관없이 불사의 몸을 가질 기회를 갖게 된다. 그렇기는 하나 영웅은 얄궂은 죽음의 운명을 피하지는 못한다.

다른 하나는 영웅 자신이 죽음을 극복하려는 의지를 보이는 경우이다. 스스로 죽을 수밖에 없는 존재라는 사실을 깨닫고 영생을 구하기 위한 여행을 떠나는 형태로 묘사된다. 길가메시의 죽음 극복 여행이 대표적이다.

〈길가메시 서사시 Epic of Gilgamesh〉는 크게 두 부분으로 나뉜다. 하나는 엔키두 Enkidu와 친구를 맺은 길가메시의 영웅적 행적을 보여주는 부분이고, 다른 하나는 친구인 엔키두의 죽음에 충격을 받고 영원한 생명을 찾아 여행하는 부분이다. 이 중 후반부는 그 성격이 죽음기원 신화와 그대로 맞닿아 있다.

길가메시는 불사의 방법을 얻기 위해 우트나피시팀 Utnapishtim을 찾아 여행을 떠난다. 여행 중에 시두리 Siduri라는 여관 주인을 만나 오랫동안 이야기를 나누기도 한다. 시두리는 "신이 처음 사람을 만들었을 때 사람에게는 죽음이 주어졌답니다. 주어진 것만큼만 즐기도록 하세요. 먹

천상에서 내려온 황소와 싸우는 길가메시와 엔키두. 보스턴 파인아트뮤지엄 소장

고 마시고 행복하게 지내시지요."라고 설득했다. 그러나 길가메시는 결심을 바꾸지 않았고, 뱃사공의 도움으로 죽음의 바다를 건너 우트나피시팀의 거처로 찾아간다.

우트나피시팀을 찾아가 죽음을 벗어나는 법을 알려달라고 애원하자 그는 7일 동안 잠을 자지 않는다면 영생의 비법을 알려주겠다고 했다. 하지만 길가메시가 중간에 그만 잠이 들어 결국 실패로 돌아갔다. 7일 내내 잠을 잤으나 길가메시는 자신이 잠든 것조차 몰랐다. 우트나피시팀은 아내에게 길가메시가 잠든 때부터 매일매일 빵을 굽게 했는데, 처음 구웠던 빵이 상할 때까지 오랫동안 깊은 잠을 잤던 것이다. 우트나피시팀은 "잠도 이기지 못하면서 어찌 죽음을 이기려 하는가." 하고 질책하며 집으로 돌아가라고 했다.

한편 그런 길가메시가 불쌍해 보였던 우트나피시팀의 아내는 남편에게 천신만고 끝에 이곳까지 왔는데 그냥 돌려보낼 수는 없다고 하면서 길가메시에게 선물을 주라고 부탁한다. 아내의 부탁으로 우트나피시팀은 바닷속에서 자라는, 가시가 달렸고 갈매나무처럼 생긴 풀이 있는 곳을 알려주었다. 백발의 늙은이를 젊어지게 하는 풀이었다. 불로초를 얻은 길가메시는 이를 그 자리에서 혼자 먹지 않고 그가 다스렸던 우루크Uruk로 가져가서 모든 사람들에게 나눠주어 다같이 수명을 늘리려고 했다. 그러나 돌아오는 길에 물이 솟아나는 샘물에서 목욕을 하는 사이에 약초 냄새를 맡은 뱀이 그만 불로초를 몰래 훔쳐 먹어버렸다. 그 풀을 먹자마자 뱀은 허물을 벗고 젊음을 되찾았다.

　귀중한 약초가 자신의 손에서 영원히 멀어진 것을 알게 된 길가메시는 땅바닥에 주저앉아 울음을 터트렸다. 하지만 금세 이것이 모든 인류의 운명이라고 여기고 우루크로 발길을 돌렸다.[3]

길가메시는 반인반신이기는 하지만 완전한 신적 존재가 아니기에 죽음으로부터 자유로울 수 없다. 인간의 속성을 지녔기에 죽음의 한계를 극복할 수 없었고, 영생을 얻기 위한 탐색이 필요하다. 아무리 뛰어난 영웅도 죽음 앞에서는 평등하다.

　그런데 〈길가메시 서사시〉는 죽음기원신화와 관련해 두 가지 흥미로운 점이 있다. 하나는 우트나피시팀이 영생의 기회를 얻고자 찾아간 길가메시에게 잠을 통해 영생의 기회를 시험하고 있다는 점이다. 7일 동안 잠을 자지 않아야 영생의 비법을 알려준다고 했지만 잠의 유혹을 극복하지 못하고 7일 내내 잠을 잔다. 잠은 종종 죽음의 형제라거나 쌍둥이라고도 하며, 게르만 문화권에서는 잠과 죽음이 남매라고 이야기

길가메시 부조상. 루브르박물관 소장

제 5 장 영원한 생명을 찾아서

한다.[4] 동아프리카에는 인간이 본래는 잠을 자거나 죽지 않았는데, 잠을 얻으면서 비로소 죽음이 생겼다는 이야기도 전한다.[5] 이렇듯 잠과 죽음은 아주 밀접하므로, 길가메시가 잠을 극복하지 못했다는 것은 죽음을 극복할 수 있는 중요한 시험을 통과하지 못했다는 의미가 된다.

다른 하나는 〈길가메시 서사시〉에도 죽음기원신화에서 공식처럼 등장하는 뱀이 인간의 영생을 빼앗는 대목이 마지막에 덧붙어 있다는 점이다. 길가메시는 영생을 얻지는 못했지만 불로초를 구해 젊음을 회복할 수는 있었다. 신처럼 영원히 살지는 못하겠지만 젊음을 회복하면서 늙지 않을 수 있으니 영생을 얻은 것에 다름없다. 하지만 뱀이 불로초를 몰래 먹고 인간 대신 젊음을 회복할 수 있는 동물이 되면서 길가메시의 영생을 찾는 여행은 결국 실패하고 만다. 영생의 기회를 얻지만 결국 잃게 되는 형태의 여타 죽음기원신화와 다르지 않다.

죽음기원신화는 인간이 영생을 얻지 못한다는 결론을 이미 정해놓고 이야기를 전개하는 특성이 있다. 아무리 좋은 기회를 갖거나 고난 끝에 실제로 영생을 얻는다고 하더라도 뭔가 문제가 생기면서 결국에는 실패하게 된다.

영웅은 신이 아니다. 죽음을 숙명처럼 받아들여야 한다. 이 때문에 영웅의 지상 과제 중 하나인 죽음의 극복은 좌절되고 만다.

영웅을 비롯한 인간은 죽는다. 신화도 이 점을 알고 있다. 신화에서 아무리 죽음을 극복하고 싶은 염원을 담고자 하더라도 인간이 죽는다는 사실에는 변함이 없다. 그러므로 죽음기원신화는 이러한 실패 과정이 필연적으로 덧붙을 수밖에 없다.

─────────── **불로초를 찾아서**

세상에 두려울 것이 없는 영웅들도 단 하나 두려웠던 것이 바로 죽음이다. 죽음에서 벗어나고자 무진 애를 쓰지만 결국 피하지 못하고 죽음을 받아들인다. 하물며 인간이야 어떻겠는가?

인간은 누구나 결코 죽음을 피할 수 없다는 사실을 잘 알고 있다. 그렇다고 죽음을 극복하려는 시도마저 없었던 것은 아니다.

미국의 유명한 천문학자 퍼시벌 로웰Percival Lowell이 개항기 한국에 들렀는데, 그때의 기억을 바탕으로 '한국에 대한 스케치'A Sketch of Korea 라는 부제를 단 《조선, 고요한 아침의 나라Chosun, the Land of the Morning Calm》라는 책을 발간했다. 이 책에는 어떤 경로로 전해 들었는지는 모르겠으나, 중국 진시황이 불로초不老草를 구하는 이야기를 한국 최초의 신화로 둔갑시켜 기록해 놓았다.

조선 최초의 신화에서는 이 나라조선를 '신선의 나라', '장수長壽의 나라'

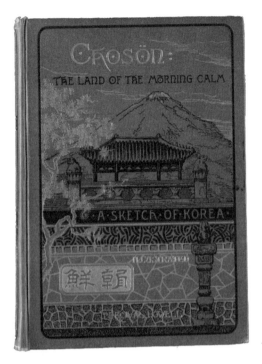

퍼시벌 로웰의 *Chosun, the Land of the Morning Calm* 표지

로 묘사한다.

옛날 하늘에서 내려온 세 신선들이 있었는데, 이들은 조선 산수의 아름
다움에 반해 한라산, 금강산, 태백산의 높은 산봉우리에 거처했다. 이
신선들이 처음 중국에 살 적에 황제가 불로장생의 약을 구하고자 해서
신선들을 잡아다가 약을 얻으려고 했다. 그러자 이들은 동쪽으로 달아
나서 각기 조선의 세 산속에 정착하게 되었다. 그들은 천상에도 집이 있
어 지상에 싫증이 나면 천상으로 올라간다고 한다.[6]

로웰은 조선에 3개월을 머물러 있었다고 하니 당시 생활하면서 조

선 사람에게 들은 내용을 기록했을 것이다. 이처럼 영원한 생명을 갈구하는 진시황의 불로초 이야기가 중국은 물론 우리나라에서도 널리 퍼져 있었음을 알 수 있다.

동아시아에서는 죽음을 피하고 영생을 찾는 대표적인 인물로 진시황을 떠올린다. 그만큼 진시황이 불로초를 찾으려 했다는 이야기가 우리에게 보편적으로 알려져 있는 셈이다.

사마천의 《사기史記》를 보면 "제나라 사람 서불徐市이 동쪽 바다 가운데에 봉래산蓬萊山, 방장산方丈山, 영주산瀛洲山이라는 삼신산三神山이 있다는 글을 올리자 진시황이 불로초를 구해 오도록 서불과 어린 남녀 아이 수천 명을 보냈다."라는 기록이 있다.

사람들은 불로초가 신선들이 사는 곳에 있으리라 믿었다. 다음과 같은 이유에서다.

중국 곤륜산崑崙山 북쪽에는 본래 거인들이 살았다고 하는 용백국이라는 곳이 있다. 이곳은 한편으로 바다 위에 있는 신선들이 살고 있는 땅이라고도 널리 알려져 있었다. 그래서 육지에 사는 사람들은 멀지 않은 바다에 아름답고 신비로운 신선이 사는 산이 있다고 생각하면서 다들 그곳을 구경하고 싶어 했다.

마침 바닷가에서 고기를 잡아먹고 살던 어떤 부부가 배를 탔다가 큰 풍랑을 만나 우연히 신선이 사는 산 부근에 다다랐다. 그들은 그곳이 신산神山인지도 모른 채 뭍에 올랐다. 그곳의 신선들은 어부 부부를 극진히 대접해 주었으며, 선풍仙風을 불게 해서 그들이 타고 갈 작은 배가 안전하게 되돌아갈 수 있도록 해주었다.

이런 일이 있은 뒤로 사람들 사이에는 신산에 관한 이야기들이 더욱 흥미롭게 입을 타고 퍼져나갔는데, 그런 풍문들 중에는 신산에 사는 신선들은 죽지 않고 오래 살 수 있는 영약靈藥을 갖고 있다는 말도 포함되어 있었다.

소문은 중국 황제들의 귀에까지 흘러 들어갔다. 부귀와 권위가 넘쳐나고 인간 세상의 쾌락을 누리는 제왕들에게 유일한 두려움은 죽음의 신이 갑자기 찾아와서 모든 것을 앗아가는 것이다. 그렇기에 이런 소문을 들은 황제들이 가만있었겠는가? 그들도 신선들이 사는 곳에 있다는 불로초를 탐내어 사람들을 보내 찾도록 했다.[7] 여러 황제 중에서도 진시황의 노력이 대단했다. 진시황이 불로초를 얻기 위해 서불을 삼신산으로 보냈다는 《사기》의 기록이 있다고 했는데, 진시황이 보낸 서불이 불로초를 찾으러 우리나라를 들렀다고 하는 이야기가 제주도와 남해 등지에서 전하고 있음이 흥미롭다.

제주도 서귀포에는 2000년대 들어 건립된 서복전시관이 있다. 이 전시관이 진시황의 불로초와 관련이 있음은 물론이다. 전시관 소개글에는 "진시황의 사자인 '서복'徐福[8]이 진시황의 불로장생을 위해 불로초를 구하고자 동남동녀童男童女 오백 명 또는 삼천 명과 함께 대선단을 이끌고 불로초가 있다는 삼신산의 하나인 영주산, 곧 한라산을 찾아 항해를 했다. 영주산의 제일경인 정방폭포 해안에 닻을 내린 서복은 영주산에 올라 불로초를 구한 후 서쪽으로 돌아갔다. 서복이 돌아가면서 정방폭포 암벽에 '서불과지'徐市過之라는 글자를 새겨 놓았는데, '서귀포'라는 지명도 여기서 유래한다는 이야기가 있다."라고 쓰여 있다.

불로초를 찾아 제주도로 온 서복을 기리는 서복전시관

　절벽에 새긴 표식이 있고 한라산의 옛 이름이 영주산이었으니 이렇게 주장한다. 더욱이 제주도에는 〈팔선진멜굿〉이라는 멸치잡이 풍어를 기원하는 풍어굿 성격의 무가가 전승된다. 제주 함덕 출신의 김만보 심방이 전승하고 있는 무가의 내용을 보면, 진시황이 옥황상제가 하늘에서 내려보낸 서복을 불러 한라산을 비롯한 삼신산에 있는 불사약을 구해 오라고 시키자 큰 배에 남녀 어린아이 오백 쌍을 태우고 영등신에게 뱃길을 물어 제주도로 찾아온다.

　　진시황이 천하를 통일한 뒤 외적의 침입을 막고자 만리장성을 쌓았다. 그는 영원한 권력을 누리고 싶었다. 하지만 그가 아무리 절대 권력자인 황제일지라도 인간 생명의 유한함에는 좌절할 수밖에 없었다. 그래서 영원한 생명을 구하고자 사람들을 풀어 불로초를 찾아오도록 했다.

진시황은 옥황상제가 인간 세상으로 내려보냈다고 하는 서복을 불러 해동국의 한라산 등 삼신산에 있는 불사약을 구해 오라고 명을 내렸다. 서복이 그 명을 받고는 귀한 음식을 제단에 차려놓고 동서남북 사방의 바람신인 영등신에게 청해 해동국 한라산으로 가려는데 뱃길이 어떻게 되는지를 물었다. 그러자 영등하르방이 "곤륜산의 나무를 석달 열흘 베어 그 나무로 배를 짓고, 쌀 삼백 석에 먹을 물 이천 동이, 소금과 된장, 간장에다가 무와 배추도 싣고, 남녀 어린아이 오백 쌍을 태워 배를 띄울 때에 영등할망과 서해 용왕님에게 청해 뱃길을 물어라." 하고 일러주었다.

서복이 영등하르방이 시키는 대로 하면서 큰 바다에 배를 띄울 때 씻어놓은 무, 배추가 시들어 반찬거리가 없어 걱정하니 영등하르방이 아무 걱정 말라고 하면서 "바다 용왕님에게 청해 바다의 물고기가 먹고프면 줄낚시나 그물로 잡고, 전복, 조개 등 바위에 붙은 것을 먹어도 되고, 미역, 우뭇가사리를 캐어 먹으면 된다."라고 했다.

드디어 좋은 날과 좋은 시간으로 날을 잡아서 배를 띄우니 바람신인 영등할망이 순풍을 내려주었다. 서복과 오백 쌍의 남녀 어린아이가 탄 배가 사흘 밤 사흘 낮을 항해하니 드디어 한라산이 보였는데, 안개가 끼어 한 치 앞을 분간할 수 없었다. 할 수 없이 돛을 내리고 노를 저어 흰 모래밭에 도착했는데, 산세가 좋고 물이 맑아 태어나는 사람마다 순하고 아름다워 사람들이 살기 좋은 곳이었다. 사해 용왕과 상의해서 그곳 바다에 멸치 씨앗, 전복 씨앗, 미역 씨앗을 뿌려 사시사철 풍성하게 물질을 할 수 있게 했으며, 제주도에서는 이때부터 참봉놀이 풍어제를 하게 되었다.

서복은 성산의 아흔아홉 골, 어승생이를 들러 샅샅이 찾아다녀 높은 언덕 위에서 불로초를 얻었다. 그리고는 지금의 서귀포에 이르러서 높은 데서 떨어지는 서너 아름이 넘는 물줄기의 정방폭포가 너무 아름다워 깎아지른 절벽에 '서쪽으로 돌아간다'라는 뜻의 '서귀'西歸라는 두 글자를 새겨놓고 갔다. 그로부터 그 고장을 서귀포라 부르게 되었다.[9]

진시황이 불로초를 구하고자 보낸 서복이 제주도에서 불로초를 얻었다고 한다. 그렇지만 진시황은 49세로 생을 마감했으니 불로초를 구해 그에게로 돌아가지는 않았던 것 같다. 제주도에는 이렇게 불로초가 있는 신산이라는 인식의 이야기나 무가가 전한다.

그런데 이런 이야기는 비단 제주도뿐만 아니라 남해 금산錦山에도 그 흔적과 함께 비슷한 내용의 이야기가 전한다. 남해 금산에는 '서불과차'徐市過此라고 새겨진 석각문石刻文이 있어 이곳 또한 서불의 이야기가 전한다.

옛날 진시황이 불로초를 구하려고 서불 일행을 삼신산으로 보냈다. 우리나라 남해 금산을 이들은 삼신산의 하나로 여겼던 모양이다. 서불은 동남동녀 오백여 명에 이르는 대부대를 이끌고 남해 금산 중턱에 이르러 한동안 사냥을 즐기면서 이곳에 머문다. 그러나 끝내 불로초를 발견하지 못하고 이곳을 떠날 때 바위에 그들만이 통할 수 있는 어떤 표적을 남겨놓았는데,[10] 그것이 바로 불로초를 구하려던 진시황의 사자인 '서불이 이곳을 지나가다'라는 뜻을 새긴 석각문이라는 것이다.

이야기에 대한 진위 논란을 차치하고,[11] 우리나라가 이렇듯 죽음을 면하는 불로장생의 영약이 있는 곳이고, 신선들이 사는 곳으로 이야기되며, 또 그렇게 인식되고 있다는 사실이 놀랍다.

이렇듯 우리나라에 불로초가 있었다는 이야기는 전해지지만 실상 불로초를 먹고 영원히 살았다는 사람의 이야기는 찾을 수 없다.

제 6 장

죽음의 세계를
먼저 경험해 본다면

갑자기 단절된 이승과 저승을 오가는 길

누가 우리를 저승으로 안내하는가

강림차사, 우리를 저승에 이끌다

저승에 다녀와서 세운 로마 제국

죽음의 세계에서 돌아오지 못한 자

갑자기 단절된 이승과 저승을 오가는 길

원한이 사무치면 복수도 그만큼 잔인하다. 필자에게 가장 잔인한 복수 신화를 하나 꼽으라면 서슴없이 그리스의 테레우스Tereus 신화를 선택할 것이다. 사랑하는 자식을 복수의 도구로 삼는 잔혹함. 먼저 그 복수의 장면으로 가보자.

테레우스는 아테네의 왕 판디온Pandion을 도와 외적의 침입을 물리친 공로로 그의 딸 프로크네Procne와 결혼한다. 그러던 어느 날 프로크네는 여동생 필로멜라Philomela가 너무도 보고파서 남편에게 그녀를 그들이 사는 왕국으로 데려와 달라고 부탁한다.

하지만 테레우스는 처제인 필로멜라의 아름다운 모습에 반해서 데려오는 도중 깊은 숲속 오두막에 그녀를 가두고 욕정을 채운 뒤, 있었던 일을 발설하지 못하도록 혀를 잘라버린다. 그러고는 태연하게 돌아와서 아내에게 필로멜라가 오는 도중에 갑자기 병으로 죽어버렸다고 거짓말을 했다.

욕망에 눈이 멀어 패악을 저지르고 그에 따른 복수로 사랑하는 아들의 인육을 먹게 되는 테레우스. 암스테르담 국립미술관 소장

말을 할 수 없게 된 필로멜라는 옷감에 테레우스의 만행을 수놓아 하인을 통해 언니에게 전달했다. 진실을 알게 된 프로크네는 분노에 치를 떨며 복수를 다짐한다.

그녀는 디오니소스 축제 날 동생을 궁으로 데려온 다음 테레우스를 꼭 빼닮은 아들 이티스Itys를 죽인다. 그리고 그 사체로 요리를 만들어 아주 특별한 요리라고 하며 테레우스의 식탁에 내놓았다. 테레우스는 아무것도 모른 채 맛있게 먹고는 식사가 끝나자 아들 이티스를 찾았다.

프로크네는 그 아이는 이미 당신의 뱃속에 있지 않느냐며 절규했고, 그때 필로멜라가 나타나 이티스의 잘려진 머리를 테레우스 앞에 내밀었다. 두 자매는 이렇게 잔인하게 복수했고, 테레우스는 그만 자멸한다.[1]

복수를 위해 자신의 아들을 희생시키고, 그것도 모자라 남편에게 먹이기까지 했으니 상상조차 할 수 없는 아주 끔찍한 복수이다. 그런데 우리에게도 이에 못지않은 잔인한 복수를 그린 신화가 있다.

신화의 고장인 제주도로 가보자. 〈콩쥐팥쥐〉 이야기는 모두들 알고 있을 것이다. 그런데 제주도는 육지의 이야기를 받아들이면서도 독특하게 변형시켜 그 지역의 이야기로 만드는 경향이 있다.

제주도에는 〈콩쥐팥쥐〉 이야기가 특이하게 무속 신화로 전승되기도 하는데, 억울하게 죽임을 당한 콩쥐가 팥쥐와 계모에게 복수하는 장면의 잔인함은 정말 압권이다. 위의 테레우스 신화보다 잔인함이 한 수 위이다. 복수 장면을 살펴보자.

이젠 프대기를 잡아 이제 팥쥐를 죽여

소금젓을 황에 담안 소금에 절여 젓갈을 만들어 항아리에 담아

프대기 어멍을 불런 팥쥐 엄마를 불러서

프대기 잡은 괴기 ᄉᆞ으멍 팥쥐를 잡은 고기를 삶아

밥ᄒᆞ멍 멕연 밥하고 먹여

막 먹어가난 송콥 발콥이 나오란 먹는 도중에 손톱 발톱이 나오니

"아이구! 요 건 나 애기 "아이고! 이건 나의 딸애기

송콥도 닮다. 손톱과 닮았다.

요 건 나 애기 이건 나의 딸애기

발콥도 닮다." 발톱과 닮았다."

"배여기괴기가 경 ᄒᆞ네다. "병아리 고기라 그렇습니다.

밸 소리 말앙 먹읍서." 쓸데없는 소리 하지 말고 드세요."

무 먹으난, 모두 먹으니,

"너 멩으로 낳고 "너의 수명받아 낳고

너 멩으로 너네 아기괴기 너의 수명으로 얻은 네 아기의 고기를

막 먹어시매 나고가라." 모두 먹었으니 나가거라."**²**

 콩쥐에게 악행을 일삼고 마침내 자신을 죽이기까지 한 못된 팥쥐를 잔인하게 죽여 복수하는 장면이다. 팥쥐를 죽이고 그 사체를 소금에 절여 젓갈을 담그고는, 이를 팥쥐의 엄마에게 먹도록 한 뒤에 "네가 네 딸의 고기를 먹었으니 나가라" 하면서 쫓아낸다. 육지의 〈콩쥐팥쥐〉 이야기에서도 복수를 하는 과정이 다소 잔인한 모습을 보이기는 하지만 이 정도까지는 아닌데, 제주도 신화는 테레우스 신화와도 겹쳐지면서 그 이상의 처절한 복수 장면을 연출하고 있다.

 그런데 이 신화가 지닌 잔인함보다 더 주목되는 것은 이야기의 뒷부분에 덧붙는 이승과 저승이 단절된 까닭을 밝히는 유래담이다.

 신화의 앞부분은 〈콩쥐팥쥐〉 이야기를 제주도식으로 나름 독특하게 변형시켜 놓았는데, 그렇다고 육지에서 전하는 내용과 완전히 별개라고 보기는 어렵다. 그런데 뒷부분에는 제주도에서만 전승되는 이승과 저승의 단절을 모티프로 한 내용이 덧붙는다. 제주도에서는 이를 주인공의 이름을 달리하여 〈허웅애기본풀이〉라고 한다. 그러면 앞쪽의 〈콩쥐팥쥐〉 이야기 부분을 제외하고 이승과 저승이 단절된 내력을 밝히는 후반부 내용을 살펴보자.

콩데기콩쥐는 팥데기팥쥐와 계모에게 복수를 하고 난 뒤에 딸 둘을 낳고 행복하게 살았다. 그런데 어느 날 저승에서 콩데기에게 너의 명이 다했으니 이제 저승으로 돌아오라고 한다. 콩데기는 어쩔 수 없이 저승에 가게 되었지만 두고 온 아이들 걱정에 밥도 먹지 않고 늘 걱정하면서 눈물로 세월을 보낸다. 저승의 염라대왕이 콩데기의 사정을 딱하게 여겨 "밤이 되면 인간 세상으로 돌아가서 아이들을 돌보고 아침이 되면 저승으로 돌아오도록 해라." 하며 배려를 해주었다.

그래서 콩데기는 밤이면 인간 세상으로 나와 아이들에게 밥을 해 먹이고 머리도 땋아주고 의복도 정갈히 갖춰주어 아이들은 엄마 없는 불편을 느끼지 못하게 되었다.

그러던 어느 날 이웃집 아주머니가 엄마가 없는 아이들인데도 머리 손질이나 옷차림이 너무도 깔끔한 것을 이상히 여겨 아이들에게 물었다.

"너희들은 엄마도 없는데, 어쩌면 차림새가 그렇게 깔끔하니?"

"엄마가 왜 없습니까? 우리 엄마 있습니다."

"엄마가 어디에 있니?"

"밤이면 와서 밥도 해주고 옷도 챙겨주고 합니다. 그렇게 해주고는 날이 밝으면 돌아갑니다."

아이들의 말을 이상하게 여긴 이웃집 아주머니는 "너희들, 엄마랑 계속 같이 있고 싶지 않니? 그러면 내 말대로 하거라. 네 손목에 실을 묶고 내 손목에도 실을 묶어둘 테니 엄마가 오면 이 실을 힘껏 당기거라." 라고 말했다.

아이들은 이웃집 아주머니에게 그렇게 하겠다고 약속하고 엄마를 기다렸다. 그날 저녁 콩데기가 집에 오니 아이는 오줌이 마렵다며 문밖으로 나가서 실을 힘껏 당겼다. 이웃집 아주머니가 와서 보니 정말로 콩데기가 살아서 집에 와 있는 것이 아닌가!

콩데기를 본 이웃집 아주머니는 "다시는 돌아가지 말거라. 집 안에서 문을 잠그고 숨어 있으면 저승차사가 못 들어온다." 하면서 저승으로 돌아가지 못하게 막았다.

저승에서는 콩데기가 돌아오지 않자 난리가 났다. 염라대왕은 기다리다가 할 수 없이 저승차사를 보내 콩데기를 잡아오라고 했다. 저승차사가 문을 열고 콩데기를 잡아가려 했으나 여의치 않자 지붕으로 올라가 콩데기의 혼을 빼서 가버렸다. 그렇게 콩데기는 죽었고, 그 이후 인간이 다시는 이승으로 돌아가지 못하도록 하는 법이 마련되었다.[3]

채록 신화에서는 주인공을 콩데기라고 하고 있지만 콩데기를 중간중간에 허웅애기라고 부르고 있어, 뒷부분은 〈허웅애기본풀이〉 신화를 바탕으로 한 것이 분명하다. 〈허웅애기본풀이〉에서는 처음에는 이승과 저승이 완전히 분리되지 않아 인간이 죽어서도 형편에 따라 이승을 오갈 수 있었다고 한다. 즉, 삶과 죽음의 세계가 서로 단절되지 않았었는데, 나름의 규율이 무너지면서 질서가 깨지자 완전히 분리시켰다는 것이다.

신화시대의 공간 개념으로는 하늘과 땅이 자유롭게 교통이 이루어졌고, 더불어 인간 세상과 죽음의 세계도 서로 왕래가 가능했다고 여겼던 것으로 보인다.

인간은 나이가 들면 밧줄을 타고 하늘로 올라가 다시 젊어질 수 있었다. 젊어지면 다시 땅으로 내려와 자신의 일생을 새로 시작했다. 그러던 어느 날 하이에나와 까치가 그 밧줄을 타고서 하늘로 올라갔다. 신은 그 모습을 보고 이 동물들이 말썽을 일으킬 수 있다고 생각해서 두 동물에게 다시는 땅에 내려가지 말라고 명령을 내렸다.

하지만 어느 날 밤 하이에나와 까치는 몰래 밧줄을 타고 땅으로 내려갔으며, 땅 가까이 도착할 무렵 하이에나가 밧줄을 끊어버렸다. 그러자 끊어진 밧줄의 윗부분이 하늘로 끌려 올라가 버렸다. 그래서 사람들은 다시는 하늘로 올라갈 수 없게 되었으며, 죽은 후에나 갈 수 있게 되었다.[4]

아프리카 수단 누에르Nuer족에게 전하는 신화로, 태초에는 사람들이 밧줄을 타고 하늘과 땅을 자유롭게 왕래했다고 한다. 더구나 하늘에 올라가면 젊음을 회복할 수 있었다. 그렇지만 하늘과 땅을 이어주던 밧줄이 갑자기 끊어지면서 두 공간의 왕래가 중단되었다는 내용인데, 이 때문에 죽음이 생겨난 것이다. 이처럼 하늘과 땅의 왕래가 어느 순간 멈추었다는 내용의 신화는 흔하지는 않지만 세계 여러 곳에서 찾아볼 수 있다.

그런데 이러한 단절은 하늘과 땅 사이만이 아니라 이승과 저승의 왕래도 같은 개념으로 인식하고 있었음을 파악할 수 있다. 두 세계가 단절되기 전까지는 아주 자유롭게 오간 것은 아니지만, 그래도 서로 간 교통이 불가능한 것은 아니었다. 하지만 위의 〈허웅애기본풀이〉처럼 어떤 사건을 계기로 이승과 저승의 교통을 단절시켜야 하는 법도가 마련된 것이다.

〈허웅애기본풀이〉는 이승과 저승의 관계를 비롯해 세상이 온전히 정비되지 못한 혼돈의 상황으로부터 세상이 차례로 정돈되는 과정을 담은 신화로 볼 수 있다. 즉, 이승과 저승을 명확히 분리함으로써 세상의 질서가 확립되는 의미가 있는 신화라고 할 수 있다.

누가 우리를 저승으로 안내하는가

산 자와 죽은 자의 세계는 엄밀히 분리되어 있다. 하지만 허웅애기는 구분되어 있는 이승과 저승을 왕래하면서 규율을 어겼으며, 질서를 문란하게 만들었다. 따라서 이승과 저승의 왕래에 대한 엄격한 규제와 통제가 필요해졌고, 결과적으로는 이승과 저승이 명확하게 단절되었다.

그런데 이승과 저승의 교통이 완전히 단절되고, 조금의 왕래마저도 없어진다면 어떻게 될까? 신의 뜻이 인간에게 어떻게 전달되고, 또 인간이 신에게 바라는 바는 어떻게 전할 수 있겠는가? 더욱이 저승을 처음 찾아가는 망자는 길을 몰라 헤맬 것이 아닌가? 그래서 신과 인간, 이승과 저승을 연결시켜 주는 최소한의 통로가 필요했으며, 그런 역할을 수행하는 존재들이 신화에 등장한다.

저승을 왕래할 수 있는 존재가 결코 평범한 인물이 아니라는 것쯤은 다들 짐작할 것이다. 우선 저승은 망자가 가는 세계이니 죽음과 관련한 임무를 띠고 저승을 다녀와야 하는 자가 그 대상이 된다. 이때 저승 여행을 통해 죽음의 세계를 경험하고, 또 그 임무를 무난히 완수하면 여행자는 그 대가로 망자를 인도하는 신이 되기도 한다.

그런가 하면 신과 인간 사이의 의사소통을 가능하게 해주는 존재, 예컨대 위대한 무당 또한 이런 저승 여행을 허락받는다. 샤먼shaman은 종종 이승에서 해결하지 못하는 죽음 관련 문제를 저승 여행을 통해 해결하는 모습을 보여준다.

사람이 죽으면 가는 죽음의 세계는 누구에게나 초행길이다. 그러니 얼마나 낯설고 두렵겠는가? 더구나 산 자의 세계를 떠나 죽은 자의 세계로 편입되는 마당이니 공포가 오죽하겠는가? 그래서 죽음 신화나 의례에서는 망자를 저승길로 혼자 보내지 않는다. 망자 스스로 찾아가도록 하는 것이 아니라 영혼을 인도하는 신이 나타나 직접 데려다준다.

우리의 무속 신화에도 죽음 인도신이 있다. 바리공주가 그 주인공이다. 바리공주는 부모를 살리기 위해 저승에 가서 약수를 구해 오고, 그 공로로 망자를 인도하는 신이 된다.

바리공주는 이미 저승을 다녀온 경험이 있기에 저승길을 환히 알고 있다. 그래서 망자가 바리공주를 따라가면 길 잃을 염려가 없고 험난한 길도 그녀의 도움을 받으면서 헤쳐나갈 수 있다고 여겼다.

바리공주가 저승을 다녀오면서 죽음 인도신으로 거듭나게 된 내력은 신화에 자세히 나타나 있다.

1970년대 국사당에서 이루어진 지노귀굿에서 〈바리공주 무가〉를 구송하는 모습. ⓒ 장주근

1970년대 국사당에서 이루어진 오구굿 모습. 바리공주 신화 내용에 따라 무당이 공주 복색을 하고 무가를 구송하고 있다. ⓒ 장주근

옛날 이씨 금상마마가 좋은 점괘가 나온 해를 기다리지 못하고 칠공주를 본다는 해에 왕비를 맞아들인 뒤 계속해서 공주 여섯을 낳았다. 왕과 왕비는 왕자를 낳기 위해 온갖 치성을 드린 뒤 일곱째 아이를 잉태했으나 낳고 보니 또 공주였다. 왕은 크게 노해서 일곱째 공주를 옥함에 넣어 강물에 띄워버린다.

아기는 석가세존의 지시로 비리공덕 할아비와 할미에게 구출되어 양녀로 자란다. 바리공주가 15세가 되었을 때 왕이 병이 들었는데, 꿈에 청의동자가 나타나더니 "하늘이 내린 아기를 버린 죄로 죽을 병을 얻게된 것이다. 무장신선無上神仙이 지키는 서천서역국의 약수를 마셔야만 나을 수 있다."라고 했다. 왕은 여섯 공주를 차례로 불러 약수를 구해오라고 부탁했으나 공주들은 모두 거절했다. 왕은 할 수 없이 태어나자마자 버렸던 바리공주를 찾도록 명을 내렸다. 한 신하가 온갖 노력을 다해 바리공주를 찾아내어 데려온다.

　바리공주는 남장男裝을 한 채 무쇠 신발에 무쇠 지팡이를 짚고 언니들이 모두 거절한 부모님을 위한 구약救藥 여행을 떠난다. 가는 도중 석가세존의 도움을 받아 길을 찾고 육로 삼천 리와 험로 삼천 리, 칼산지옥, 불산지옥 등 여러 지옥을 지나 서천서역국에 이른다. 바리공주는 그곳에서 무장승을 만나 약물값으로 나무하기 3년, 물 긷기 3년, 불 때기 3년 등 9년 동안 봉사를 해주는 한편 무장승과 혼인해 아들 일곱을 낳은 뒤에야 약수를 가지고 이승으로 돌아올 수 있었다. 그러나 이때는 이미 왕과 왕비가 승하하여 상여가 나가는 중이었다. 바리공주는 급히 상여를 멈추고 서천서역국에서 구해온 약수와 숨과 살, 뼈 등을 되살리는 꽃으로 부모를 살려낸다.

　살아난 왕은 바리공주의 소원을 들어주어 그녀를 무당의 조상이 되게 했고, 저승을 다녀온 공로로 망자의 영혼을 인도하는 신이 되게 했다.[5]

　바리공주는 버려진 공주라는 뜻이며, 버려진 아이라는 뜻의 '바리데기'라고도 불린다. 〈바리공주 무가〉는 제주도를 제외한 우리나라 전역에 전하는 무속 신화이다. 서사적인 구성이나 내용은 지역에 따라 차이를 보이기도 하지만[6] 내용의 큰 틀은 대체로 동일하다.

　위의 〈바리공주 무가〉는 일제강점기인 1937년 아카마츠 지조赤松智城와 아키바 다카시秋葉隆가 당시 경성京城의 무녀 배경재로부터 채록한 것이다. 신화를 축약해서 소개하느라 저승의 모습을 두드러지게 나타내지는 못했지만 실상 〈바리공주 무가〉에는 죽음의 세계와 관련된

서울 마포 불당에 모셔졌던 바리공주
무신도. 현재 불당은 재개발로 사라
졌고, 그림의 행방 또한 묘연하다.
ⓒ 홍태한

바리공주 무신도. 샤머니즘박물관 소장

바리공주 복색을 갖춘 무녀의 모습. 일제강점기 경성 서교마을 할미당에서 행해진 굿의 촬영 장면으로, 석남 송석하 선생 현지조사 카드에 담긴 사진이다. ⓒ 국립민속박물관

다양한 모습이 그려져 있다.

저승으로 가는 노정路程을 비롯해 다양한 지옥의 모습이 잘 묘사되어 있으며, 죽은 뒤 다시 살아날 수 있다는 재생 관념 또한 찾아볼 수 있다. 아울러 바리공주가 어떻게 망자의 영혼을 저승으로 인도하는 신이 되었는지도 밝혀져 있다.

이렇듯 바리공주는 성공적인 저승 여행을 마치고 이승과 저승을 자유롭게 오갈 수 있게 되었다. 망자의 영혼을 저승으로 데려다주는 신이 되었으며, 망자의 영혼은 비로소 그를 따라 마음 놓고 저승으로 갈 수 있게 되었다. 저승 여행은 곧 바리공주에게 신으로 거듭나기 위한 통과의례적 성격을 지닌다.

이처럼 죽음 인도신이 망자를 저승까지 인도해 준다고는 하지만 인간 세상에서 죽음의 문제는 그리 단순하지 않다. 늙거나 병들어 순리에 따라 죽음을 맞이한다면 무엇이 문제이겠는가? 하지만 죽음은 그렇지 않다. 아무런 대비도 없는 상태에서 갑작스럽게 횡사를 하거나 현실에서 도저히 받아들이기 어려운 죽음에 맞닥뜨리게 되면 인간은 억울함을 호소한다. 이들은 죽음에 대한 민원을 해결해 줄 수 있는 존재가 샤먼이고, 샤먼을 통해야 방법을 찾을 수 있다고 생각했다.

〈바리공주 무가〉에는 주목할 점이 있다. 바리공주가 단순히 죽음 인도신이 되었다고만 말하지 않는다. 이에 덧붙여서 바리공주는 무당의 조상이 된다. 그렇기에 이 신화는 무조전설巫祖傳說이라고도 불린다. 바리공주는 죽음 인도신이면서 샤먼의 기능도 함께 지닌다.

샤먼은 어떤 존재인가? 신과 인간, 이승과 저승을 연결해 주는 역할을 맡은 존재가 바로 샤먼이다. 그래서 신화에서 샤먼은 저승을 방문해 영웅적 행적을 보이기도 한다.

신화에서 샤먼이 저승을 여행하는 주된 이유는 뭘까? 샤먼이 자리 잡은 시기는 이미 하늘과 땅의 질서가 온전히 자리 잡은 시기이다. 신과 인간의 위계가 이미 정립된 상태이며, 더 이상 인간 세상에 필요한 것, 예컨대 곡물이나 문화 등을 얻기 위한 여행은 필요치 않다. 샤먼은 죽음이라는 인간의 한계를 극복하기 위한 수단을 강구한다. 죽음의 문제를 해결하기 위해 또는 어쩔 수 없는 죽음을 되돌리고자 샤먼은 저승 여행을 감행한다.

저승을 여행하는 샤먼의 이야기로 대표적인 것은 〈니샨 샤먼Nishan Sharman〉이다. 책 한 권 분량의 장편신화인데, 그 내용을 간추려 보면 다음과 같다.

중국 명나라 시절 로로라는 마을에 발두 바얀이라는 부자가 살고 있었다. 그는 늦둥이 아들을 얻어 금지옥엽으로 키웠는데, 아들이 15세 되던 해에 사냥을 나갔다가 그만 병에 걸려 죽고 만다. 그 이후 오랫동안 아이가 없다가 가난한 사람을 돕는 등 선행을 베푼 은덕으로 나이 오십에 서르구다이 피양고라는 둘째 아들을 얻는다.

발두 바얀은 피양고를 애지중지 키웠는데, 그 아이 또한 사냥을 나갔다가 병을 얻어 갑자기 죽고 만다. 큰 슬픔에 빠진 발두 바얀 앞에 허리가 굽은 노인이 나타나더니 니샨 샤먼이라는 영험한 무당을 찾아가면 죽은 아이를 살릴 방도가 있을 거라고 알려준다.

저승을 여행하고 돌아온 니샨 샤먼. ⓒ 김헌선

제 6 장 죽음의 세계를 먼저 경험해 본다면

발두 바얀은 피양고를 살리고 싶은 간절한 마음에 니샨 샤먼을 만나기 위해 길을 떠난다. 발두 바얀은 힘들게 니샨 샤먼을 만나 아들이 죽은 까닭을 알려달라고 요청한다. 니샨 샤먼은 점을 치더니 "당신의 아들이 많은 짐승들을 살생하여 염라대왕이 그 죄를 물어 데려간 것이다."라고 했다.

이에 발두 바얀은 죽은 아들이 되살아나게 도와달라고 간청했다. 니샨 샤먼은 계속 거절하다가 발두 바얀이 거듭 애원하자 그의 집으로 가서 굿을 한다. 남수고男手鼓의 장단에 맞춰 굿이 진행되었고, 니샨 샤먼은 그 북소리를 들으면서 닭과 개를 끌고, 백 덩이의 장醬과 백 뭉치의 종이를 어깨에 메고 피양고를 구하기 위해 저승으로 여행을 떠난다.

니샨 샤먼이 길을 가다가 강에 이르자 얼굴과 몸이 일그러지고 다리를 저는 뱃사공이 나타나 그녀를 태워 강을 건네주었다. 니샨 샤먼은 답례로 세 덩이의 장과 세 뭉치의 종이를 주면서 나보다 앞서 강을 건너간 사람이 있는지 물어보았다. 뱃사공은 얼마 전에 몽골다이 낙추라는 염라대왕의 친척이 피양고의 혼을 데리고 이곳을 건너갔다고 했다. 계속 여행을 이어나가던 중 붉은 강을 만나게 되었는데, 그곳에는 아무도 없어 건널 수가 없게 되자 니샨 샤먼은 신주神主에 기도를 올리고 남수고를 강에 던져 그 북을 타고 강을 건넌다. 니샨 샤먼은 강을 건넌 보답으로 강의 주인에게 세 덩이의 장과 세 뭉치의 종이를 남긴다.

그 뒤 저승문에 다다라 관문을 지키는 철귀鐵鬼와 혈귀血鬼에게 세 덩이의 장과 세 뭉치의 종이를 주면서 그들을 달래 관문을 통과한다. 그리고 드디어 몽골다이 낙추를 만나 피양고를 돌려달라고 한다. 몽골다이 낙추는 염라대왕이 피양고를 몹시 아껴 친아들처럼 기르기 때문에 돌려보낼 수 없다고 거절한다.

니샨은 북을 통해 정령과 교감하고 악을 몰아낼 수 있었다.

중국에서 리듬 게임으로 개발되어 인기를 얻고 있는 '니샨 샤먼'의 캡처 화면. 저승에 끌려간 아이를 구하기 위한 니샨 샤먼의 여정을 담고 있다.

니샨 샤먼은 할 수 없이 염라대왕의 성을 찾아간다. 그녀는 주문을 외워 큰 새를 불러내 그곳에 있는 피양고를 납치해 온다. 염라대왕이 이 사실을 알고 몽골다이 낙추를 크게 꾸짖자 그는 부랴부랴 니샨 샤먼을 뒤

쫓아온다. 몽골다이 낙추는 니샨 샤먼에게 화가 난 염라대왕을 달래주어야 한다면서 장과 종이, 그리고 피양고를 대신할 닭과 개를 요구한다.

니샨 샤먼이 그것들을 몽골다이 낙추에게 건네며 그 대가로 피양고가 아무 탈 없이 건강하게 아홉 아이를 얻으면서 살도록 해주고, 수명도 90세까지 늘려달라고 부탁해 승낙을 받는다.

니샨 샤먼은 피양고를 이승으로 데려가는 도중에 저승의 가마에서 불을 때고 있는 남편을 만난다. 그는 자신도 살려달라고 사정했지만, 니샨 샤먼은 "당신은 이미 뼈와 살이 모두 부서져 살려줄 수가 없다오."라고 했다. 이 말을 들은 남편은 심하게 욕을 하며, 펄펄 끓는 기름솥에 넣어 살려 보내지 않겠다고 협박한다. 니샨 샤먼은 화가 나 학에게 남편을 풍투성豐都城이라는 영원히 인간 세계로 환생이 불가능한 지옥에 내던지도록 시킨다.

니샨 샤먼은 돌아오는 길에 저승의 여러 형벌을 보게 되고 저승의 법도도 알게 된다. 또한 생령이 태어나는 곳, 악행을 저지른 사람이 가는 곳, 선행을 베푼 사람이 가는 곳 등 저승 곳곳을 여행한다. 그런 뒤 저승에 갈 때 건넜던 강들을 같은 방법으로 다시 건너 이승으로 되돌아온다.

발두 바얀의 집에서는 니샨 샤먼의 영혼이 돌아온 것을 알고 그녀의 몸에 물을 끼얹고 향을 잡고 빌어 니샨 샤먼을 깨웠다. 깨어난 니샨 샤먼이 피양고의 몸에 혼을 불어넣자 그가 잠에서 깬 듯이 일어나서는 "잠 한번 푹 자고 한참 동안 꿈을 꾸었네요."라고 했다.

니샨 샤먼은 아들을 살려준 대가로 발두 바얀에게 많은 재물을 얻어 큰 부자가 된다. 또 저승을 여행한 경험이 있는 니샨 샤먼은 저승의 형벌과 법도 등을 잘 알게 되어 정직하고 올바르게 살아야 한다는 것을 깨닫는다. 하지만 나중에 그의 시어머니가 자신의 아들을 구하지 않고 오히려 풍투성에 버린 것을 알게 되면서 니샨 샤먼을 관가에 고발해 버린다. 이 사실을 보고받은 태종 황제는 니샨 샤먼이 남편에게 한 것처럼 그녀를 신모神帽, 요령鐃鈴, 남수고 등의 무구巫具와 함께 가죽상자에 담아 철끈으로 묶은 뒤 우물에 버리라고 명한다.

니샨 샤먼에 의해 되살아난 피양고는 가난한 사람들에게 선행을 베풀며 살았으며, 그 덕에 자손들은 대대로 부귀영화를 누리게 되었다.[7]

니샨 샤먼의 저승 여행은 형에 이어 연거푸 어린 나이에 죽음을 맞이한 서르구다이 피양고를 되살리기 위한 것이다. 니샨 샤먼은 샤먼답게 굿이라는 의식을 통해 저승으로 떠난다.

니샨 샤먼은 죽음의 문제를 해결해야 하는 임무를 부여받고 저승을 여행하며 여러 가지 고난을 겪으면서 일을 무난히 수행해 내고 귀환하는 데, 이런 모습은 우리의 〈바리공주 무가〉와 동일한 서사다.

니샨 샤먼의 저승 여행에서도 바리공주가 그랬듯이 수평적인 도보 여행을 하는 것으로 나타난다. 어렵사리 몇 개의 강을 건너고 귀졸들이 지키는 관문을 통과한다. 또 자신의 남편을 만나고 저승의 형벌을 지켜보기도 한다. 아울러 피양고의 수명을 90세까지 늘리는 협상도 완료하여 저승에서의 임무를 완벽하게 수행한다. 한편 수명을 늘리는 곳이 저승이라는 설정을 통해 저승이 인간 수명을 관장하는 곳이라는 인식을 가지고 있음을 알 수 있다.

이렇듯 니샨 샤먼은 저승에서 피양고를 무사히 구출해오는 임무를 충실히 수행해 냈으며, 영웅적 행적도 아낌없이 보여준다.

시베리아와 같은 북쪽 지방의 샤먼들은 의례를 행하면서 천계 여행을 떠난다고 한다. 차플리카M. A. Czaplicka의 시베리아 샤먼 보고서에 따르면 원주민들은 샤먼이 의례 시 희생된 동물과 함께 하늘로 올라가 천계 여행을 한다고 믿는다.[8] 이러한 샤먼의 천계 여행에 대한 믿음이 니샨 샤먼의 저승 여행 신화의 바탕이 된 것은 아닐지 생각해 본다.

여기서 문제는 바리공주와 달리 니샨 샤먼은 죽음 인도신이 되지 못하고 단지 인간으로서 부와 명성만을 얻었다는 것이다. 탁월한 능력을 발휘해 신이나 감당해 낼 수 있는 일을 가능케 했지만, 죽음 인도신이 되지 못하고 그저 인간으로 남았다. 그러니 문제가 생기지 않을 수 없다. 결국 죽은 남편을 저승에서 구해 오지 못한 것을 빌미로 이승에서 벌을 받아야 했다.

니샨 샤먼은 바리공주처럼 저승을 다녀오면서 저승의 형벌과 법도를 잘 알게 되었기에 죽음이라는 문제를 해결할 수 있는 능력을 얻었지만, 무구와 함께 우물에 버려져 결국 죽음을 맞게 된다.

그런데 왜 하필 우물일까? 우물은 항상 새로운 물이 솟아나므로 신화적 인물의 탄생처로 나타나는 등 창조의 근원이 되는 공간으로 인식된다.[9] 니샨 샤먼은 저승을 다녀오는 과업을 수행하고도 신이 되지 못했기에 그저 평범한 인간처럼 죽음으로 끝을 맺는다. 하지만 영원한 생명 창조와 맞닿은 우물로 돌아감으로써 삶과 죽음이 연결되는 통로를 찾아 새로운 여행을 준비하는 것은 아닐지….

강림차사, 우리를 저승에 이끌다

〈신과 함께〉라는 웹툰과 영화가 대중의 인기를 얻으면서 망자를 저승으로 데려가는 존재인 강림차사에 대한 관심이 높아졌다. 웹툰과 영화에서는 저승 가는 길을 장황하게 묘사하고 있다. 저승차사는 망자를 저승에 데려다줄 뿐만 아니라 저승의 시왕들에게 심판받는 일을 도와주는 역할도 수행한다. 즉, 망자가 죽음의 세계로 편입되도록 일체의 편의를 제공한다.

일반적으로 무속에서는 육지의 경우는 바리공주가, 제주도는 강림차사가 망자를 저승으로 인도해 준다고 알려져 있다. 그렇다고 육지 쪽 무속에서 저승차사가 나타나지 않는 것은 아니다.

〈사재삼성거리〉와 같은 연희적 성격의 굿거리를 비롯해 충청도와 전라도를 중심으로 전승되는 무속 신화 〈장자풀이〉에서도 망자를 데려가기 위해 저승 삼 차사가 출동한다. 〈장자풀이〉에서는 수명이 다 된 사마장자를 데려가기 위해 차사들이 먼 길을 걸어와서 배도 고프고 목도 마르다고 탄식하는 모습을 볼 수 있다. 비록 이들이 나중에는 뇌물을 받고 사마장자를 잡아가지 않았지만 말이다.

이렇듯 제주도 이외의 지역에서도 저승차사가 망자의 영혼을 저승으로 데려간다는 인식이 있음은 분명해 보인다. 다만 육지의 저승차사 관련 신화에서는 저승 가는 길은 나타나지 않고, 차사가 이승에 도달하는 모습만 묘사된다. 때문에 저승차사의 저승 가는 길이 어떤지는 알 도리가 없다.

저승차사의 저승길 여정이 잘 나타나 있는 우리 신화는 제주도에서 전하는 〈차사본풀이〉이다. 〈차사본풀이〉는 까마귀에 의해 죽음에 순서가 없어진 이야기를 비롯해, 염라대왕이 삼 형제의 억울한 죽음을 밝혀주는 이야기, 삼천 갑자를 살았다는 동방삭을 강림차사가 기지를 발휘해 잡아가는 이야기 등 다양한 에피소드로 구성되어 있다.

여기에는 또한 강림이 저승차사가 되기 전에 저승으로 염라대왕을 찾아가는 과정이 묘사되어 있다. 그 대목을 살펴보자.

과양생이라는 과부가 갑자기 장성한 아들 셋을 한꺼번에 잃자 고을의 원님에게 그 원인을 찾아달라며 송사를 한다. 하지만 갑작스러운 죽음의 원인을 찾지 못하자 크게 원망하며 욕을 한다.

원님은 고심하다가 총기가 뛰어난 사령인 강림을 불러 저승에서 염라대왕을 모셔오라고 명령한다. 하지만 그 누구도 가보지 않은 저승길을 어찌 찾겠는가? 강림이 집에 가서 잠도 자지 않고 먹지도 않으며 걱정을 하고 있으니 큰 부인이 이를 딱하게 여겨 저승 가는 방법을 찾아주었다.

〈차사본풀이〉를 구송하는 강순선 심방의 모습. ⓒ 김헌선

제 6 장 죽음의 세계를 먼저 경험해 본다면

강림의 큰 부인은 먼저 시루떡을 만들었다. 문전신에게 바칠 것, 조왕신에게 바칠 것, 강림이 저승에 가면서 먹을 것 등 세 덩이를 준비한 뒤 부엌에서 조왕신께 축원을 올리다가 깜빡 잠이 들었는데, 조왕신이 꿈에 나타나 "새벽닭이 울면 강림을 저승으로 떠나보내거라." 하고 알려 주었다.

큰 부인이 급히 강림을 깨워 저승길을 가는 데 알맞은 의복으로 단장시켜 길을 떠나보냈다. 강림이 남문 밖 동산으로 일단 올라갔으나 어디로 가야 할지 몰라 머뭇거리고 있으니 할머니 한 분이 다가와 자신을 따라오라고 했다. 그 할머니는 바로 강림의 큰 부인집 조왕신이었다.

"네 부인의 정성이 갸륵하여 저승길을 알려주러 왔다. 여기서 조금만 더 가면 일흔여덟 갈림길이 나올 것이고, 거기에 한 노인이 나타날 테니 정성껏 인사를 드리면 다음 길을 알려줄 것이다."라고 했다.

과연 알려준 대로 가니 조왕신의 말처럼 일흔여덟 갈림길이 나오는데, 거기서 또 어찌 가야 할지 몰라 서성이고 있으니 노인 한 분이 다가왔다. 큰 부인집의 문전신이었다. 그 노인은 일흔여덟 갈림길이 어떤 길인지를 일일이 설명하면서 아주 좁고 험한 길을 가리키며 "이 길로 가거라." 하고 알려주었다.

그렇게 좁고 험한 길을 가고 있는데, 길가에서 누군가 졸고 있었다. 바로 저승차사 중 한 명인 이원차사였다. 그가 배고파서 가져간 시루떡을 조금 나누어 주었더니 고마워하며 저승 초군문에 이르는 길을 알려주었고, 또 염라대왕을 만날 수 있는 방도도 가르쳐 주었다. 그리고는 강림의 삼혼三魂을 부르자 강림은 순식간에 행기못에 이르렀다.

그곳에는 저승에 못 들어가고 울고 있는 영혼들이 있었는데, 강림을 보고는 갑자기 달려들고 붙잡아서 연못 속으로 들어갈 수가 없었다. 강

제주도 시왕맞이굿에서 저승 가는 길을 닦는 모습

림이 갖고 갔던 시루떡을 잘게 부숴 사방에 뿌렸더니 원귀들이 이를 서로 먹겠다고 흩어졌고, 그 덕분에 저승에 쉽게 도달할 수 있었다.

저승에 가서는 이원차사가 알려준 대로 염라대왕이 행차하는 행렬을 기다렸다가 염라대왕 앞을 가로막고는 대뜸 "이승의 죽음에 대한 의문을 풀러 왔습니다. 해결해 주십시오." 하고 간청했다. 그러자 염라대왕은 "며칠 뒤 세상에 내려가 그 문제를 해결해 주겠다."라고 했다. 염라대왕의 약속을 받아낸 강림은 이승으로 되돌아온다. 오는 길은 염라대왕의 배려로 흰 강아지가 길을 인도해 주어 행기못에 도착할 수 있었고, 행기못을 지나 이승에 도달했다.

며칠 후 염라대왕은 이승으로 내려왔고, 삼 형제가 왜 갑작스러운 죽음을 당했는지 그 원인을 밝혀주었다. 염라대왕은 강림이 영특하다는 것을 알고 그 혼을 빼서 저승으로 데려가 저승차사로 삼았다.[10]

강림은 큰 부인의 도움을 받아 저승길을 찾아가는데, 앞서 살펴본 바리공주의 저승길과는 많이 달라 보인다. 그러면 이들이 찾아가는 저승길은 무엇이 같고 다를까?

처음에는 도보로 험난한 길을 가다가 마지막에 물을 지나면서 저승에 이르는 기본적인 구도는 동일하다. 하지만 저승길을 찾아가는 방식이 다르고, 도와주는 신적 존재의 성격도 다르다. 또 저승으로 가는 노정도 큰 차이를 보이며, 그곳에 도달해서 만나는 공간의 성격도 다르다.

먼저, 저승길을 찾는 데 도움을 주는 신적 존재의 성격이 다르다. 바리공주는 석가세존 등 불교신의 도움을 받아 저승길을 찾아간다. 신에게 지팡이와 낭화浪花를 받아 육로 삼천 리, 험로 삼천 리 도합 육천 리 길을 수월하게 가며, 가는 길에 낭화를 이용해서 떠도는 영혼들을 구원해 주기도 한다.

그런데 강림은 불교신이 아니라 집안에서 모시는 가신家神들의 도움을 받는다. 저승 가는 길을 몰라 머뭇거리고 있을 때 큰 부인 집의 조왕신과 문전신이 차례로 나타나 길을 알려준다.

가신은 저승차사가 등장하는 다른 신화에도 종종 등장하는데, 저승차사가 망자를 데리러 오면 가신들이 허락해야만 집에 들어올 수 있고, 또 망자를 데려갈 수 있다. 어떤 경우는 가신들이 나서서 저승차사가 망자를 잡아가지 못하게 막아주기도 한다. 이처럼 가신들이 저승차사에 맞서 집안사람들을 지켜주는 역할을 하기에 강림이 이들의 안내로 저승에 도달할 수 있다고 생각했을 것이다.[11]

그렇다고 〈차사본풀이〉에 불교 영향이 아예 없는 것은 아니다. 저승 가는 일흔여덟 갈림길을 일러주는 장면에서 시왕이 가는 길을 차례로 나열하는 부분은 불교의 저승 관념을 받아들였다고 볼 수 있다. 하지만 그 부분을 제외한다면 〈차사본풀이〉는 토착 신앙에 기반을 두고 있다는 점에서 바리공주와 차이가 있다.

다음으로 저승에 도달하는 노정도 적지 않은 차이를 보인다. 바리공주가 가는 저승길은 육로 삼천 리, 험로 삼천 리로 표현된다. 물론 저승까지의 거리를 재는 것은 불가능하니, 멀다는 것의 상징적인 표현일 뿐이다. 바리공주는 이런 먼 길을 여행하는 데 알맞도록 무쇠 신발에 무쇠 지팡이를 준비해 길을 나선다. 또한 길을 가면서 칼산지옥, 불산지옥, 중탕지옥 등 여러 지옥을 지나며 저승의 모습을 관찰하기도 한다. 특히 〈시왕도〉나 〈감로탱〉과 같은 불화佛畵에서 볼 수 있는 다양한 지옥의 모습을 묘사하여 신화에 담아내고 있다.[12] 또 낭화로 떠도는 영혼들을 구원해 주며, 마지막으로 강을 건너 서천서역국에 도달한다.

이에 반해 강림의 저승길은 단순하다. 조왕신을 따라 한동안 길을 걷다가 일흔여덟 갈림길을 만나지만 문전신의 도움을 받아 좁고 험한 길을 선택한다. 또 길을 가는 도중에 이원차사의 도움을 받기도 하

저승에서 죽은 사람을 재판한다는 열 명의 대왕을 그린 〈시왕도〉. 상단에는 시왕, 중단에는
재판을 앞둔 사람들, 하단에는 다양한 지옥의 모습이 묘사되어 있다. 국립민속박물관 소장

며, 강을 건너는 대신 행기못을 통해 저승으로 진입한다. 바리공주가
길고 먼 길과 강을 건너는 수평적인 도보 여행을 했다면, 강림은 수평
적인 여행을 하다가 마지막에 연못을 통한 수직적인 이동의 모습을
보여준다.

　〈차사본풀이〉에서는 일흔여덟 개의 저승 가는 길이 각각 누가 다니
는 길인지를 길고 장황하게 소개할 뿐, 강림의 노정은 단조롭다. 아무

래도 〈바리공주 무가〉는 불교적 색채가 덧입혀지면서 저승길의 묘사가 확장되었다고 볼 수 있다.

마지막으로 물을 건너 저승에 도달한 이후 만나는 세계도 다르다. 바리공주는 분명 저승길을 지나왔지만 죽음의 세계와는 또 다른 무장승이 사는 새로운 공간을 만난다. 바리공주는 그곳에서 나무하기 3년, 물 긷기 3년, 불 때기 3년, 더불어 아들 일곱을 낳은 뒤에야 부모의 병을 고칠 약수를 얻는다. 저승길을 통해 도달한 그곳은 인간들이 일상적으로 생활하는 공간처럼 묘사된다. 저승과 연계된 공간이기는 하지만 죽음의 세계인 저승과는 차원이 다르다. 저승 한 켠에 자리한 인간 생명과 관련된 공간이라는 점에서 인간 생명꽃을 키우는 서천 꽃밭과도 유사한 측면이 있다.

반면 〈차사본풀이〉에서는 저승에 도착하지만 저승이 어떤 모습인지 묘사하고 있지 않다. 단지 이승 관리들의 행차 모습을 그대로 본딴 염라대왕의 행차만 장황하게 묘사한다. 따라서 강림이 도달한 저승이 어떤 모습인지는 알 길이 없다. 바리공주에 등장하는 지옥이나 극락의 모습을 〈차사본풀이〉에서는 찾아볼 수 없다.

이렇듯 우리 신화에서 죽음 인도신이 망자를 데려가는 저승길 노정이나 저승의 모습은 같으면서도 다르다. 아무도 알 수 없으니 다르다고 이상할 것은 없다. 어쩌면 원래 없는 길일 수도 있다.

죽음을 앞둔 병자나 노인은 저승 가는 노정이나 저승의 모습이 어떤지 참으로 궁금할 것이다. 하지만 세계 어느 신화를 보더라도 저승 가는 노정이 내비게이션이 알려주듯 구체적이고 상세하게 나오지는

시왕 중 다섯 번째 왕인 염라대왕의 재판 장면. 두루마리에는 망자가 생전에 지은 죄업이 상세히 적혀 있고(우측 상단), 망자를 업경대에 비추면 생전에 지은 죄상이 드러난다고 한다(좌측 하단). 국립중앙박물관 소장

명부를 다스리는 염라대왕을 그린 〈무신도〉. 인간 수명을 관장한다고 여겨 의자에 '목숨 수 壽'자를 새겨놓았다. 국립민속박물관 소장

않는다. 뱃사공에게 뱃삯을 내고 강을 건너야 하고, 문지기들이 지키는 관문을 통과해야만 저승에 도달할 수 있다고 하는 정도이다. 그 외에는 《신통기》 등에 묘사된 저승의 모습으로 그 음산한 분위기를 짐작할 수 있을 뿐이다.[13]

우리 신화에서 저승길을 나름 장황하게 묘사하고 있는 듯 보이지만

실상 그 내면을 살펴보면 단순하고 막연하기까지 하다. 〈바리공주 무가〉처럼 불교적 색채를 덧입히면서 지옥이나 극락의 다양한 모습을 연결시켜 그 노정이 다소 길고 복잡한 듯 묘사해 내는 정도가 최대치이다.

저승 가는 길이 나타나고 죽음 인도신이 신화에 설정되어 있기는 하지만, 여전히 그 길이 어떤지는 막연하고 답답하다는 느낌을 지울 수가 없다. 이유는 간단하다. 누구도 가보지 못한 길이므로 알지 못하기 때문이다.

어디에 있는지, 얼마나 먼지, 그 세계가 어떤 모습일지 아무도 모르기에 사람들은 그저 신화적 상상력으로 그 세계를 그려보고, 또 종교에 기대어 죽음의 세계를 이해하며 위안을 삼으려고 할 따름이다.

저승에 다녀와서 세운 로마 제국

저승 여행을 다녀온 몇몇 존재들을 만나보았다. 생산신의 저승 방문이 곡물의 생육 주기 및 생명의 순환과 관련된다는 사실을 확인할 수 있었고, 또 죽음과 관련된 문제를 해결하기 위해 위대한 무당이 저승을 찾아가는 모습도 살펴보았다.

이렇듯 죽음의 세계를 여행하는 것은 신성한 임무였고 목적성이 뚜렷한 여행임을 알 수 있다. 세상에서 가장 간절한 대상인 풍요나 죽음의 문제를 저승 여행을 통해 해결할 수 있다고 믿었다.

그런데 세계 여러 신화를 따라가다 보면 저승 여행이 종종 신분 변화를 꿈꾸는 통과의례적 성격을 띠는 경우가 있다.

우리는 일상생활에서 '통과의례'通過儀禮라는 말을 종종 사용한다. 새로운 상태로 넘어갈 때 겪어야 할 의식을 뜻하는 말이다. 이 말은 본래 중요한 인류학적 용어이다.

20세기 초에 활동했던 민속학자 아널드 방주네프Arnold van Gennep가

창안한 용어로, 인류학적 용어라고 하니 어렵게 느껴지지만 한마디로 정리하면 오히려 쉽다. 즉, 묵은 것을 버리고 새로운 세계로 나아가기 위해서는 급격한 변화가 따르는데, 이런 변화를 완충시켜 주는 역할을 하는 장치가 바로 통과의례이다.

통과의례는 신분의 변화, 공간의 변화 등 여러 경우에 수반되는데, 신화에서는 주로 평범한 존재에서 신적 존재나 영웅적 존재로 거듭나기 위한 과정의 하나로 미션이 부여되고 이를 완수해 내는 방식으로 전개된다. 보통은 아주 멀고 험난한 여행이 설계되고 보통 사람보다 훨씬 뛰어난 능력을 발휘해 공을 세우고 돌아오는 형태로 통과의례가 실현된다.

신화에서는 종종 저승 여행이 이런 통과의례의 일환으로 쓰인다. 앞에서 본 바리공주나 니샨 샤먼, 강림차사 등의 저승 여행도 일종의 통과의례라고 할 수 있다. 저승 여행 임무를 완수하고 신 또는 영웅의 모습으로 탈바꿈했기 때문이다.

흥미로운 점은 지역에 따라, 그리고 영웅의 성격에 따라 생산이나 죽음과 직접 관련이 없는 존재일지라도 새로운 신분 또는 존재로 거듭나기 위해 저승 여행을 선택한다는 것이다. 즉, 저승 여행이 신분 변화를 위한 통과의례의 수단으로 활용되는 모습을 볼 수 있다.

로마 제국을 건국한 아이네이아스Aeneas는 트로이 전쟁에서 트로이 편에서 싸운 영웅으로 헥토르Hector에 버금가는 용맹함을 자랑했다. 하지만 트로이 전쟁에서 아이네이아스는 조연에 불과한 존재였다. 영화 〈트로이〉에서도 끝부분에 트로이의 검을 얻어 유민과 함께 탈출하지만 그 존재감은 두드러지지 않는다. 트로이 전쟁을 다룬 서사시 〈일리아드〉에서도 아킬레우스Achilleus와 대결을 벌이지만 그렇다고 아이네이아스가 최고의 영웅적 행적을 남겼다고 보기는 어렵다.

하지만 그는 트로이 유민을 이끌고 이탈리아로 건너가 로마 제국의 건국 시조가 된다. 그가 로마 제국을 건설하는 과정에서 저승을 여행하는데, 이는 아이네이아스가 새로운 존재로 거듭나는 계기가 된다. 아이네이아스는 자기 스스로 죽음의 세계로 갈 수 없어 무녀가 그의 여행을 돕는다. 이 신화에는 저승으로 가는 노정이 잘 나타난다.

아이네이아스는 이탈리아에 도착하자마자 여러 가지 조언을 얻고자 무녀를 찾아갔다. 무녀는 아이네이아스가 죽은 아버지 안키세스Anchises를 많이 그리워하는 것을 알았다. 그래서 죽은 아버지의 조언을 받는 것이 어떠냐고 물었다. 아이네이아스는 흔쾌히 동의했고, 무녀는 그가 지하 세계로 갈 수 있도록 안내해 주기로 했다.

저승으로 가는 길은 어둡고 음산했다. 둘은 악취가 진동하는 아베르누스 호수를 지나 검은 포플러가 늘어선 곳으로 갔다. 산 자와 죽은 자의 세계 사이의 경계를 이루는 곳이었다. 무녀는 아이네이아스에게 "어둠의 여신 헤카테Hecate에게 검은 수소 네 마리를 제물로 바쳐야 합니다."라고 말했다. 희생 제물의 연기가 피어오르자 천둥이 치면서 땅이 흔들렸다. 무녀는 황금 가지가 달린 나무를 가리키며 아이네이아스에게 "지하 세계를 여행하려면 저 황금 가지가 필요하답니다."라고 말하며 가지를 꺾으라고 했다. 그리고 그에게 "마음 단단히 먹으세요. 이제부터는 엄청난 용기가 필요하답니다." 하고 당부했다.

지하 세계 입구에 도달한 두 사람은 불화, 질병, 굶주림, 전쟁 등으로 죽은 흉악한 영혼들이 있는 곳을 지나 불운한 영혼들이 머물고 있는 들판으로 향했다. 이 영혼들은 제대로 매장되지 않아 지하 세계로 들어가기 전에 100년 동안 떠돌아다녀야만 했었다.

무녀와 아이네이아스는 스틱스강 기슭에 이르러 배를 타려고 했으나 뱃사공 카론Charon은 퉁명스럽게 "이 배는 산 사람이 아닌 죽은 사람만 탈 수 있소."라고 말하며 태워주지 않았다. 하지만 아이네이아스가 품 안에서 황금 가지를 꺼내 보여주자 카론은 두말 않고 그들을 태워 강을 건네주었다. 배는 비극적인 사랑 때문에 자살한 젊은 연인들의 넋이 떠도는 비탄의 들을 지났고, 죽은 자들을 심판하는 세 재판관이 있는 곳도 지났다.

이제 그들은 강이 갈라지는 지점에 이르렀다. 왼쪽에는 벌 받는 영혼들의 비명 소리가 들렸고, 오른쪽에는 착한 영혼들이 복락을 누리며 사는 엘리시온에서 흘러나오는 자줏빛 빛줄기가 보였다. 무녀는 아이네이아스에게 강이 갈라지는 곳 맞은편에 있는 커다란 바위에 황금 가지를 올려놓으라고 일러주었다. 그러자 카론이 뱃머리를 엘리시온 쪽으로 돌렸다. 그곳에는 위대한 영웅과 현자들을 비롯해 그의 아버지 안키세스도 있었다.

아이네이아스는 아버지를 만나 기쁨의 눈물을 흘렸다. 안키세스는 아들에게 "너는 세상으로 돌아가면 사상 최대의 제국을 건국하게 될 것이다."라며 새로운 제국의 건국을 예언한다.

아버지는 아이네이아스를 세상으로 돌려보내면서 레테의 강에서 망각의 물을 마시게 했다. 세상으로 돌아온 아이네이아스는 저승에서의 기억을 잃었으나 아버지의 말대로 로마 제국의 건국 시조가 되었다.[14]

아이네이아스의 저승 여행은 몇 가지 점에서 중요한 의미가 있다.

첫째, 그리스·로마 신화의 저승길과 저승의 모습을 잘 표현하고 있다. 아베르누스 호수를 지나 산 자와 죽은 자의 세계 사이의 경계를 이루는 검은 포플러가 늘어선 곳에서 희생 제물을 바치고 황금 가지를 얻었으며, 불운한 영혼들이 머무는 들판을 지나 스틱스강을 건너서 죽음의 세계에 도달한다. 또 저승에 들어가지 못하고 떠도는 영혼이라든가 죽은 자를 심판하는 재판관, 벌 받는 영혼과 복락을 누리는 영혼 등을 지나치는 장면은 우리의 바리공주가 지나는 저승길과 닮아 있어 흥미롭게 비교하면서 살펴볼 수 있다.

둘째, 죽은 아버지를 만나 자신이 사상 최대의 제국을 건국할 것이라는 미래의 모습에 대한 예언을 듣는다. 이를 통해 그의 로마 제국 건국은 당위성을 획득한다. 트로이가 패망한 뒤 아이네이아스는 트로이 유민을 이끌고 이탈리아로 건너가 로마 제국을 건설하는데, 그가 적임자임을 신화를 통해 공표하는 양상이다. 즉, 저승 여행이 아이네이아스가 로마 제국의 건국 시조로 거듭나기 위한 통과의례라는 것을 명확히 보여준다.

셋째, 아이네이아스는 다르다니아의 왕 안키세스와 비너스Venus 여신 사이에 태어난 영웅인데, 어머니인 비너스는 그의 저승 여행을 신의 반열에 오르게 하는 방편으로 삼고 있다. 오비디우스Ovid의 〈변신 이야기〉에는 비너스가 아이네이아스를 신의 반열로 올리기 위해 유피테르제우스의 동의를 받는 과정이 나타난다.

비너스의 영웅적인 아들은 하늘을 위하여 성숙하였다.
비너스는 모든 신들에게 나아가,
아버지의 목에 팔을 두르며 애원하였다;

"아버지시여, 나에게 친절을 베푸사,
나의 아이네이아스가
당신의 손자임을 허락하십시오.
당신이 허락하시면, 아무리 천하더라도,
신의 가계를 이루게 됩니다.
아무도 사랑하지 않는 지역을 보았으며,
지옥의 강을 건넌 것으로 충분합니다."

신들은 동의하였고, 주노헤라조차 감동하여 동의하였다.
유피테르는 대답하였다.

"너는 하늘의 선물을 받을 만하고,
너의 아들도 그러하다. 네가 청한 것을 받으라."

비너스는 즐거워하며, 아버지에게 감사의 말을 하고,
비둘기를 타고 공중으로 높이 솟아,
라우렌툼Laurentum에 이르렀다.
그곳은, 외딴 갈대밭을 가로질러,
누미키우스Numicius강이 바다와 만나는 곳이었다.
그녀는 그 강물에서 아이네이아스의 인간적인 부분을
정화케 하여, 침묵 속에 바다로 흘려보냈다.

비너스가 아이네이아스에게 무기를 건네는 모습의 조각상. 메트로폴리탄박물관 소장

강은 복종하여 물로 아이네이아스의 인간적인 찌꺼기를

씻어내었다. 그러나 가장 훌륭한 부분은 그대로 남겼다.

비너스는 그의 몸에 향료를 뿌리고,

그의 입술을 하늘의 신들이 먹고 마시는 음식으로 적시어,

그를 신으로 만들었고,

로마 사람들은 그를 조신祖神의 뜻을 가진

인디게스Indiges라 부르고,

신전을 짓고 제물을 바치는 영예를 부여하였다.[15]

이렇게 아이네이아스는 저승 여행을 계기로 삼아 신적 존재로 거듭났다. 또 사람들에게 신전을 짓고 제물을 바치며 추앙받는 존재로 인정받게 되었다. 이는 이중의 통과의례에 해당한다. 로마 제국의 건국 시조로 등극하기 위한 저승 여행이면서, 한편으로는 신으로 인정받기 위한 저승 여행으로도 기능하고 있기 때문이다.

이런 점으로 보아 저승 여행은 신적 존재로 거듭나기 위한 최상위 미션임을 알 수 있다. 길가메시Gilgamesh나 오르페우스Orpheus처럼 힘들게 저승 여행을 감행하지만 결국 성공을 거두지 못하고 좌절하는 경우도 적지 않기 때문이다.

신화에서 여러 영웅이 저마다 저승 여행에 도전하지만 아무나 성공하지는 못한다. 저승 여행은 꽤 난이도가 있는 임무이다. 그렇기에 통과의례로 저승 여행을 무사히 마치고 귀환하면 그에 합당한 보상이 주어지고, 신분도 업그레이드되면서 더 나은 존재로 거듭난다는 인식이 밑바탕에 깔려 있다.

죽음의 세계에서 돌아오지 못한 자

신화에서 저승 여행은 각별한 의미가 있다. 험난한 노정을 거쳐 성공적으로 죽음의 세계에 다녀오면 망자를 저승으로 인도하는 신이 되기도 하고 남들과는 다른 뛰어난 능력자로 거듭나기도 한다.

그렇지만 저승 여행이 다 성공하는 것은 아니다. 실패하는 경우도 많다. 그런데 저승 여행에 실패한 사연을 들어보면 안타깝기 그지없다. 여러 정황상 성공할 수밖에 없는 형국임에도 뜻하지 않은 사소한 변수로 실패하기 때문이다. 즉, 실패할 만해서 실패하는 것이 아니다.

저승 여행에 실패한 여행자도 본래는 탁월한 능력을 지닌 존재이다. 그는 뛰어난 능력을 발휘해서 죽음의 세계에서 임무를 충실히 수행하여 성공의 바로 전 단계에까지 이른다. 하지만 마지막에 실수하거나 금기를 어겨 모든 노력이 수포로 돌아간다. 구하고자 애썼던 것은 결국 다시 죽음의 나락으로 떨어지고 만다.

리라를 연주하는 오르페우스의 모습. 보스턴 파인아트뮤지엄 소장

이런 신화에는 어떤 것이 있을까? 언뜻 떠오르는 신화가 하나 있을 것이다. 바로 오르페우스 신화이다. 오르페우스 신화는 너무나 잘 알려져 있어서 상세한 소개가 필요하지는 않다.

오르페우스는 죽은 아내 에우리디케Eurydice가 너무도 그리워 죽음의 세계로 가서 아내를 이승으로 데려오기로 한다. 그는 빼어난 리라 연주로 저승의 신 하데스Hades를 감동시켜 아내를 데려가도 좋다는 허락을 받아낸다. 다만 하데스는 '지상으로 나가기 전까지는 절대 뒤를 돌아보아서는 안 된다'는 조건을 달았다.

그러나 지상에 거의 다다랐을 무렵, 그는 아내가 잘 따라오고 있는지 궁금해서 그만 뒤를 돌아본다. 하데스가 부여한 금기를 어긴 것이다. 그 바람에 아내는 다시 죽음의 나락으로 떨어지고 만다. 오르페우

저승에서 에우리디케를 구출해 나오는 오르페우스. 폴 게티 박물관 소장

스의 저승 여행은 이렇게 실패로 끝나버리고 말았다.

　뜻하지 않은 이별은 고통스러울 수밖에 없다. 하물며 너무나 아끼고 사랑하는 사람과 이별하는 것이야 오죽하겠는가? 더욱이 다시는 돌아오지 못하는 죽음의 세계로 떠나보내야 하는 이별이라면 그 어느 고통보다도 크다. 그래서 결국 고통을 참지 못하고 사후 세계로까지 여행을 감행한다.

실패하는 저승 여행은 대체로 안타깝게 죽은 자를 이승으로 데려오려는 시도인 경우가 많다. 저승 여행의 임무를 잘 완수하면 행복과 큰 보상을 얻을 수 있지만, 안타깝게 실패하면 구원해야 할 대상은 다시 죽음의 세계로 돌아가 그곳을 영원히 벗어나지 못하는 비극적인 상황에 처하고 만다. 여행자는 충분한 능력이 있고 목표를 성취하는 방법도 알지만, 결국 마지막에 계획이 어그러지면서 안타까움을 더한다.

그런데 이처럼 사랑하는 사람을 찾아 저승을 여행하고 어려운 과정을 겪으며 죽음의 세계에서 그를 데려오는 신화는 오르페우스 신화뿐만 아니라 세계 곳곳에서 전한다. 주인공이나 저승 여행의 이유와 방식 등은 오르페우스 신화와 차이가 있지만 이들 신화의 결말은 하나의 공식처럼 동일하다. 죽은 이의 영혼을 구해 오는 것이 거의 성공할 시점에 뜻하지 않은 사소한 행위 하나 때문에 결국 망자의 영혼이 죽음의 세계로 되돌아가 버리면서 실패하는 것이다. 지역에 따라 신화의 내용이 달라질 법도 한데 저승 여행이 실패로 끝나는 방식은 놀랍도록 닮아 있다.

북미 원주민 이로쿼이Iroquois족의 신화를 살펴보자.

전사 사야디오는 여동생이 세상을 떠나자 그녀의 죽음을 안타까워하면서 슬픔에 잠겼다가 죽음의 세계로 가서 동생을 다시 살려내기로 결심했다. 하지만 동생을 찾는 일은 쉽지 않았다. 죽음의 세계로 어떻게 가야 할지 몰라 몇 해를 허송세월하다가 포기하려는 즈음, 사야디오는 우연히 나이가 지긋한 노인 한 분을 만난다.

그 노인은 죽음의 세계로 영혼을 안내해 주는 역할을 하는 존재였다. 노인은 사야디오에게 저승에서 동생의 영혼을 담아 세상으로 가져올 수 있는 마법의 호리병을 하나 건네주었다.

사야디오가 죽음의 세계에 도착하자 영혼들이 그를 보고 무서워 도망쳤다. 하지만 그곳에서 지상에서 다섯 부족의 위대한 스승이었던 타렌야와곤의 영혼을 만난다. 타렌야와곤은 영혼을 위해 의식을 주재하는 사제가 되어 있었다. 그는 여전히 인정이 깊어 사야디오에게 도움을 주기로 했다.

타렌야와곤은 사야디오에게 "죽은 자들의 영혼이 곧 큰 춤 잔치를 벌이는데, 그곳에 네 동생도 참석할 것이다."라고 알려주었다. 과연 그곳에 가보니 영혼들은 열정적으로 춤을 추고 있었고, 춤추는 무리 속에서 동생의 영혼을 찾을 수 있었다. 사야디오는 반가운 마음에 다가가서 동생을 꼭 끌어안았다. 그러자 동생의 영혼은 어디론가 사라져 버렸다.

사야디오는 다시 타렌야와곤을 찾아가서 도움을 청했다. 타렌야와곤은 사야디오에게 마법의 딸랑이를 주었다. 사야디오는 동생이 노래와 마법의 딸랑이 소리에 취해 있는 사이에 동생의 영혼을 붙잡아 마법의 호리병에 담아 그들이 살던 마을로 되돌아왔다.

사야디오는 죽음의 세계에서 가져온 동생의 영혼을 몸과 다시 결합하는 의식을 거행했다. 그런데 의식이 막 시작되었을 때 호기심 많은 이웃 처녀가 호리병에 무엇이 들었는지 보려고 그만 호리병을 열고 말았다. 그 순간 동생의 영혼은 사라져 죽음의 세계로 되돌아가 버렸다.[16]

오르페우스가 스스로의 능력으로 저승을 여행했다면 사야디오는 죽음의 세계로 영혼을 안내해 주는 노인의 도움을 받아 저승에 도달했고, 저승에서도 사제 타렌야와곤 영혼의 도움으로 동생의 영혼을 지상으로 데려올 수 있었다.

하지만 영혼을 몸과 다시 결합하는 의식에 뜻하지 않은 방해꾼이 나타나면서 일을 그르친다. 여행자가 무엇을 잘못했거나 실수를 범했기 때문이 아니었다. 지극히 정상적으로 동생의 영혼을 데려오는 절차가 진행되었지만 예기치 못한 상황으로 동생의 귀환은 좌절된다. 삶과 죽음의 세계가 엄격히 단절되어 있는데, 그 질서를 사소한 이유로 파괴하는 것은 용납할 수 없다는 듯이 말이다. 게다가 사야디오가 동생을 되살려야 하는 이유는 그리움 때문이었다. 이렇듯 죽은 자를 쉽사리 되살려 지상으로 돌아올 수 있다면 사후 세계는 과연 존재할 이유가 있을까?

이로쿼이족 신화는 오르페우스 신화와 다소 차이가 있다. 사야디오의 능력은 그다지 출중하지 않다. 저승 가는 길이나 방법도 그저 전이되는 형태로 단순하며, 어떤 노력을 보여 저승왕에게 허락을 받고 데려오지도 않는다. 하지만 저승 여행이 무사히 성공하려는 찰나에 생각지도 못한 일이 일어나며 안타깝게 좌절하는 것만은 하나의 공식처럼 반복된다.

이번엔 북유럽 신화를 살펴보자. 미의 여신 프레이야Freyja에게는 발데르Balder라는 아들이 하나 있었다. 그는 온갖 분란과 문제를 일으키는 신 로키Loki 때문에 어린 나이에 죽음을 맞아 신들의 세계를 슬픔에 잠기게 한다.

미의 여신 프레이야에게는 금지옥엽 아끼는 아들 발데르가 있었다. 어느 날 밤 발데르는 자신이 죽는 불길한 꿈을 꾼다. 발데르는 어머니에게 꿈 이야기를 했고, 이를 들은 프레이야는 사랑하는 아들을 지키기 위해 세상 만물에게 발데르를 결코 해치지 않겠다는 약속을 받으러 다녔다. 평소 발데르를 좋아하던 세상 만물은 프레이야의 요청을 흔쾌히 수락했다. 신들은 발데르를 향해 온갖 것을 다 던져도 발데르가 상처 하나 입지 않고 무사한 것을 보면서 마냥 즐거워하며 발데르에게 물건을 던지는 놀이를 하곤 했다.

그런데 남이 잘되는 꼴을 보지 못하는 신 로키가 이를 그냥 두고 보지 않았다. 로키는 여러 가지 악행을 범하고 문제를 일으켜 마침내 크게 징벌을 받는 신이다. 그런 그가 아름다운 여인의 모습으로 변신해 프레이야에게 다가가 물었다. "정말 세상의 어느 것도 당신의 아들에게 해를 입힐 수 없습니까?" 그러자 프레이야는 "세상의 모든 것에게 발데르를 해치지 않겠다는 약속을 받았소. 다만 발할라 서쪽에 사는 겨우살이만은 아직 어리고 부드러워서 특별히 맹세를 받지는 않았소."라고 무심코 말해버렸다.

이 말을 들은 로키는 곧 겨우살이 줄기를 들고 신들이 즐겁게 놀이를 벌이고 있는 곳으로 갔다. 그곳에서 눈이 보이지 않아 놀이에 참여하지 못하고 떨어져 있던 맹인 호두르Hodur에게 다가갔다. 로키는 호두르에게 "너도 물건을 던지는 놀이에 참여하고 싶지 않니? 내가 방향을 알려줄 테니 이것을 힘껏 던지거라." 하며 손에 겨우살이 줄기를 쥐어주었다.

호두르는 아무런 의심 없이 로키가 알려주는 쪽을 향해 손에 들고 있는 것을 힘껏 던졌다. 그러자 겨우살이 줄기는 놀랍게도 발데르의 가슴을 정확히 관통했고, 발데르는 그 자리에서 쓰러져 죽고 말았다.

겨우살이 줄기로 발데르를 죽이는 맹인 호두르를 그린 18세기 회화. Árni Magnússon
Institute for Icelandic Studies 소장

세상 만물이 슬픔에 잠겼고 모든 신들이 애도하며 안타까워했다. 프레이야는 아들의 죽음을 되돌리려고 다리가 여덟 개 달린 오딘Odin의 애마 슬레이프니르를 타고 저승으로 향했다. 암흑의 깊은 계곡을 통과하며 9일 밤낮을 달려서 저승에 당도했다. 저승왕 헬Hel을 만난 프레이야는 "어떤 대가라도 지불할 테니, 나의 아들 발데르를 아스가르드로 데려가게 해주시오." 하며 간청했다. 헬은 한참을 고민하다가 "세상 만물이 발데르의 죽음을 슬퍼하면서 눈물을 흘린다면 그를 아스가르드로 보내주겠소. 하지만 단 하나라도 눈물을 흘리지 않는 것이 있다면 발데르는 죽음의 세상에서 나와 함께 살아야 할 것이오."라고 대답했다.

프레이야는 헬의 대답을 듣고 안도의 한숨을 내쉬었다. 즉시 신들은 세상 구석구석에 사자를 보내 발데르가 신의 세계로 되돌아올 수 있도록 눈물을 흘려달라는 부탁을 하도록 했다. 그러자 인간을 비롯해 동물, 식물, 돌과 나무, 기타 금속류까지도 발데르를 위해 눈물을 흘려주었다.

그렇게 사명을 완수하고 신의 사자가 아스가르드로 돌아오는 길이었다. 어느 동굴 속을 보니 아직 눈물을 흘리지 않은 여자 거인이 하나 있었다. 사자는 그녀에게 발데르를 위해 눈물을 흘려달라고 부탁했지만 거절당했다. 그녀는 "내게는 발데르를 위해 흘릴 눈물이 없으니 그는 언제까지나 헬의 곁에 그대로 있게 될 것이오."라며 끝내 눈물을 흘리지 않았다.

나중에 알고 보니 눈물을 흘리지 않은 여자 거인은 바로 변신한 로키였다. 프레이야와 발데르를 아끼는 신들은 좌절했고, 발데르는 세상이 끝날 때까지 헬의 궁전에 머물게 되었다.[17]

결국 발데르는 눈물 한 방울 때문에 이승으로 돌아오지 못했다.

태초에는 인간이 죽어도 일정 기간이 지나면 되살아나서 이승으로 돌아올 수 있었고, 그래서 죽는 사람이 없었다는 신화가 있다. 베트남 소수민족 중 하나인 바나르Bahnar족이 전하는 이야기를 살펴보자.

태초에는 사람이 죽으면 '롱 블로우'Long Blo라고 불리는 나무의 뿌리 옆에 묻었다. 그러면 얼마간의 시간이 지난 뒤 죽은 사람이 다시 살아났는데, 아기로 다시 태어나는 것이 아니라 성숙한 인간으로 되살아났다. 그러자 인구가 급격하게 늘어나 세상이 복잡해져 도마뱀들은 꼬리를 밟히지 않고는 다닐 수가 없었다.
도마뱀은 괴로워하면서 죽은 사람을 묻기 위해 무덤을 파는 사람들에게 원망하며 말하길, "왜 죽은 사람을 '롱 블로우' 나무뿌리 옆에 묻나요? 이제부터는 '롱 궁'Long Khung 나무뿌리 옆에 묻어보세요. 그러면 사람들은 다시 살아나지 않을 겁니다."라고 했다. 그 말이 받아들여져 그때부터 사람들은 다시 살아나지 않게 되었다.[18]

사람이 영원히 죽지 않고 일정 시간 후에 계속해서 되살아나니 세상이 사람들로 포화상태가 되면서 결국 어느 순간 세상의 질서를 유지하기 위해 더 이상 되살아나지 못하도록 하는 장치가 마련된다. 이는 세상이 처음 질서를 잡아가던 시기의 신화적 사고가 반영된 것이다. 죽음이 이 세상에 완전히 자리 잡지 못한 상태에서 오늘날과 같은 영원한 죽음이 자리 잡아가는 이행 과정을 신화에서 보여주고 있다.
반면 실패한 저승 여행 신화의 배경은 삶과 죽음의 세계가 완전히 분리되었고, 세상은 이미 어느 정도 체계적인 틀이 마련된 상태이다.

그렇기에 죽음에 대한 억울한 사정을 받아들이고 귀환을 승낙하기도 하지만, 사소한 실수를 빌미 삼아 좌절시키고 만다. 되도록 삶의 세계와 죽음의 세계가 구분되는 질서를 깨뜨리지 않고 인정하려고 한다.

차라리 아무리 노력해도 수행할 수 없는 임무여서 실패한다면 무엇이 그렇게 안타깝겠는가? 사소한 이유로 생각지도 않게 좌절하고 말아서 더 아쉬움을 주는 것이 저승 여행 실패담의 공식이다.

더욱이 인간에게 가장 안타깝고 절박한 죽음으로 인한 영원한 이별을 담고 있으니 이런 신화를 공유하는 사람들의 마음은 어떠하겠는가? 인간 내면의 감성을 자극해서 오랜 여운을 남기는 고도의 장치일 수도 있지 않을까 하는 생각도 해본다.

제 7 장

생사를 넘나드는
유쾌한 상상

저승차사는 정말 검은 갓에 검은 도포 차림일까

뇌물을 바쳐라, 너의 수명을 늘려주마

꾀를 잘 쓰면 오래 살 수 있다

환생, 저승 다녀오겠습니다!

잠과 죽음, 그 같음과 다름

저승차사는 정말 검은 갓에 검은 도포 차림일까

조금 섬뜩한 이야기로 글을 시작해 보자.

요즘은 많은 집에 현관에 인기척을 감지해 불이 켜지는 센서등이 있다. 필자가 외국에 머물러 한동안 조카가 집에 와 있던 적이 있었는데, 등이 고장이 났는지 인기척과 상관없이 저절로 불이 켜졌다 꺼지는 경우가 종종 있었단다. 들어온 사람이 없는데 갑자기 불이 켜져서 처음에는 귀신이라도 나타난 줄 알고 굉장히 무서웠다고 했다.

어린 시절로 거슬러 올라가 보자. 한밤중에 아무것도 보이지 않는데 갑자기 동네 개들이 허공을 바라보며 마구 짖는 경우가 있었다. 그럴 때면 동네 어른들은 "귀신이 있나 보다."라고 말씀하셨다. 그러면서 개는 사람들 눈에 보이지 않는 것을 볼 수 있다고 했다.

이런 생각을 하는 것이 우리뿐만은 아닌 것 같다. 아프리카 콩고와 앙골라 지역의 원주민들도 밤에 닭이 울거나 개가 짖으면 죽은 사람이 나타났다고 생각한다고 한다.[1]

과연 영혼이라는 것이 있고 영혼을 데려가는 저승차사[2] 또한 실제로 존재할까? 어릴 때 이야기를 하나만 더 해보자. 할아버지가 돌아가셨을 때의 일이다. 당시 나는 어린 나이였기에 임종을 지키는 자리에 있지 않았는데, 할아버지가 돌아가신 뒤 어머니께서 해주신 말씀은 지금까지도 생각할수록 무서운 기억으로 자리 잡고 있다.

할아버지가 병세가 심각해져 막 돌아가실 때쯤이었는데, 잠시 기운을 차리시더니 "이제 내가 죽으려나 보다. 윗목에 웬 사람들이 저렇게 앉아 있는 거냐?" 하시더란다. 물론 윗목에는 아무도 없었다. 오싹하고 소름이 돋는 말이었다.

사람이 죽으면 저승까지 인도하는 존재가 있다고 여기는데, 이들이 바로 저승차사이다. 보통 강림차사, 일직차사, 월직차사 세 명이 짝을 이뤄서 다니기에 저승 삼 차사라고도 한다.

이들은 보통 조선시대에 착용했던 검은 갓에 검은 도포를 입은 행색으로 등장한다. 그런데 이런 복장이 반드시 조선시대의 차림새를 바탕에 둔 것은 아니다.

저승차사는 본래 불교의 시왕신앙에 의거해서 등장한 인물형이다.[3] 《불설예수시왕생칠경佛說豫修十王生七經》이라는 불교 경전에는 저승사자의 행색과 역할을 설명하는 대목이 있다.

염라대왕이 부처님께 말씀드렸다. "세존이시여, 저희 모든 대왕은 사자들로 하여금 검은 말을 타고 검은 깃발을 들고 검은 옷을 입고 죽은 이의 집에 가서 무슨 공덕을 지었는지 점검하게 한 다음 그 명성에

저승차사 형상의 상여 장식물. 검은 갓을 쓰고 검은 옷을 입고 있으나 말을 타고 있지는 않다.
국립민속박물관 소장

준하여 문서를 내보이고 죄인을 가려내되 저희가 세운 서원誓願에 어긋남이 없게 하겠습니다." 찬讚하길 "시왕들이 사신使臣을 보내 죽은 이의 집에 가서, 그 사람이 무슨 공덕의 인연을 지었는가 점검하여, 공적에 따라 삼도옥三塗獄에서 방출하고, 저승에서 겪는 고통을 면하게 해준다네."4

불교 경전이니 아무래도 말이 좀 어렵다. 쉽게 풀어보면 저승차사의 행색을 검은 옷을 입었으며, 검은 깃발을 들고 검은 말을 탄 존재로 묘사하고 있다. 그들이 하는 일은 망자의 집에 가서 망자가 생전에 무슨 공덕을 쌓았는지 살핀 후 공덕을 쌓았다면 시왕의 엄한 형벌을 피하게 하는 한편 지옥으로 떨어지지 않게 해주는 것이다.

영화나 드라마에서는 오늘날에 맞게 검은 양복에 검은 넥타이를 맨 현대적 행색의 저승차사가 등장하기도 하지만, 앞서 인용문에 언급된 모습은 예전 〈전설의 고향〉이라는 TV 드라마에 등장했던 저승차사와 별반 다르지 않다. 다만 저승차사가 말을 타지 않고 먼 길을 걸어온다는 정도의 차이가 있다. 아울러 그들의 역할 및 권한 또한 저승차사가 나서서 망자의 수명이 연장되도록 도와주는 사례도 있으므로 크게 다르지 않다.

그런데 이런 저승차사의 행색이나 역할이 무속으로 오면 좀 다른 모습을 보인다. 아주 무섭고 살벌하기 그지없다. 그들은 망자를 불쌍하고 가엾게 여기기보다는 우악스러우며, 망자에게 사정없이 폭력을 가해 저승으로 끌고 가는 존재로 묘사된다.

사재님의 거동 보소 사자님의 거동 보소
벙이눈을 부릅뜨고 부엉이처럼 눈을 부릅뜨고
석류 뺨을 붉히면서 석류처럼 붉게 뺨을 붉히면서
삼각수를 거스르며 삼각수염을 휘날리며
무쇠 같은 주먹으로 무쇠 같은 주먹으로
닫은 방문 열다리고 닫은 방문 열어젖히고
성명 삼자 불러내니 이름 석 자를 불러대니
뉘 영이라 거역하고 누구의 영이라고 거역하고

실낱같이 약한 목에 실낱같이 약한 목에

저승사자 중 직부사자(좌)와 감재사자(우). 국립중앙박물관 소장

팔뚝 같은 쇠사슬로_{팔뚝 굵기만한 쇠사슬로}

오라 사슬 걸어놓고_{오랏줄 삼아 걸어놓고}

한 번 잡아 낚아채니_{첫 번째 잡아서 낚아채니}

열발 열손 맥이 없소_{열 발가락 열 손가락에 맥이 없어지고}

두 번 잡아 낚아채니_{두 번째 잡아서 낚아채니}

맑은 정신 흐려지고_{맑았던 정신이 흐려지고}

세 번 잡아 낚아채니_{세 번째 잡아서 낚아채니}

혼비백산 나 죽겠네._{혼비백산이 되어 나 죽겠네.}[5]

저승차사가 망자를 데려가기 위해 숨통을 끊어놓는 대목이다. 부엉이 같은 눈, 붉은 뺨, 위엄을 보이는 수염, 무쇠 같은 주먹 등으로 위압적인 외모를 묘사한 뒤, 안 그래도 무서워서 벌벌 떠는 망자를 손쉽게 제압해서 숨을 끊어놓는다.

저승차사는 보통 시왕이 내린 문서인 적패지, 창검과 철봉 등 망자의 숨을 끊는 도구, 오랏줄과 같은 저승 호송 도구 등을 소지하고 다닌다고 묘사된다.[6]

이렇듯 저승차사의 행색과 위세에 눌려 망자는 꼼짝 못 하고 그대로 끌려갈 수밖에 없다. 그런데 무속 신화에 담긴 사고는 참으로 다양하다. 저승차사를 이처럼 무서운 존재로 인식되도록 하면서도 한편으로는 한껏 희화화하고 조롱하면서 무능하기 짝이 없는 존재로 전락시키기도 한다.

함경도에서 전하는 〈셍굿〉이라는 무속 신화가 있다. 여기에는 인간에게 집 짓는 법을 일러주는 신화인 〈성주무가〉가 포함되어 있는데, 강박덱이라는 목수가 주인공이다. 천상의 무너진 궁궐을 보수하기 위해 강박덱이를 천상으로 데려오라는 명을 내리니 저승차사들이 출동한다. 그런데 차사들의 형상이 해학적이고 우스꽝스럽다.

거미사자, 부엉사자, 귀신 등이 저승차사의 모습으로 등장한다. 아니나 다를까 이들은 오히려 강인한 모습을 보이는 주인공에게 간단히 제압당한다.

가장 먼저 내려간 거미사자는 강박덱이가 다니는 문 앞에 거미줄을 쳐놓고 그 줄에 걸리게 해서 잡아가려 했으나 강박덱이가 거미줄을 간단히 걷어치우고 거미의 목을 꺾어 죽여버린다. 다음으로 부엉사자를 내려보냈는데, 강박덱이가 기둥에 앉아 울고 있는 부엉이를 활로 쏘아 죽여버린다.

자꾸 실패하자 마지막으로 어더기라는 귀신을 내려보냈는데, 어더기는 작전을 달리해서 강박덱이에게 자부럼병을 내려 앉아서도 잠이 오고 서서도 잠이 오도록 한다. 강박덱이가 정신을 차리기 위해 머리를 감으려고 상투를 푸는 틈을 노려 결국 잡아간다.[7]

거미나 부엉이, 귀신 등을 저승차사로 설정한 것 자체가 우스꽝스럽다. 더욱이 이들이 강박덱이를 잡으러 와서 보이는 행태는 더 가관이다. 오히려 강박덱이에게 잡혀서 목이 꺾이거나 활에 죽는다. 마침내 강박덱이를 잡아가는 어더기 귀신도 저승차사의 위엄이나 위력을 발휘한 것이 아니라 자부럼병이라는 간계를 부려서 간신히 데려갈 수 있었다.

저승차사가 얼마나 무섭고 공포스러운 존재인지를 묘사해서 사람들에게 위압감을 주기도 하지만, 한편으로는 저승차사를 우스꽝스럽고 무능한 모습으로 묘사하기도 한다. 이처럼 저승차사를 희화화하는 까닭은 무엇일까? 저승차사에 대한 인간의 상상력에 기댄 보복심리에서 찾을 수 있지 않을까 한다.

저승차사는 상상력의 소산물이다. 죽음을 맞이했지만 이승을 쉽사리 떠나지 못하는 망자를 우악스럽게 데려가는 저승차사는 무서운 존재이므로 인간은 그저 일방적으로 당할 수밖에 없다. 그럼에도 인간은 저승차사에게 속수무책으로 당하고 싶지만은 않은 심리가 있다.

오히려 그들을 물리치는 상상을 통해 대리만족을 얻고자 한다. 아울러 저승차사를 이렇게라도 희화화함으로써 죽음에 대한 두려움을 떨쳐버리려고 했을 수도 있다.

인간은 상상을 통해 무엇이든 할 수 있다. 저승차사의 희화화는 상상으로나마 이들을 웃음거리로 만들면서 죽음을 가져다주는 끔찍하고 두려운 존재를 상대하는 하나의 소심한 대처방식이기도 하다.

세상에 두려움이 있는 까닭은 궁극적으로 죽음이 있기 때문이다. 그리스 신화에는 시시포스Sisyphos가 죽음의 신 타나토스Thanatos을 속여 토굴에 가두어 버리자 전쟁의 신 아레스Ares가 세상에 죽음이 없어지니 전쟁을 해도 사람들이 죽지 않아 도무지 흥미가 없다고 불평하는 내용이 있다.

죽음이 전제되어야 세상에 두려움이 있을 텐데 죽음이 없다면 세상 무엇이 두렵겠는가? 그러나 죽음이 없는 세상에 대한 가정은 신화에서나 가능한 일이고 현실에서는 엄연히 죽음이 있다. 그러니 인간은 죽음을 벗어나는 상상이라도 해야 그나마 두려움을 피하고 마음의 위안을 얻을 수 있지 않을까?

저승차사의 희화화는 죽음에 대한 두려움을 작게나마 떨쳐내고자 하는 인간의 소극적인 반항이라고 볼 수 있을 것이다.

뇌물을 바쳐라, 너의 수명을 늘려주마

《뇌물의 역사》라는 책이 있다. 흥미로운 제목에 이끌려 책을 펼쳤더니, 차례에 "원시사회에서 신의 영역까지, 시공을 넘어선 뇌물"이라는 소제목이 있었다.

신의 영역이라 했으니 뇌물을 받은 신들이 꽤나 있었나 보다 싶어 살펴보니 신화를 대상으로 한 것은 아니었다. 중세 교회가 부를 축적하기 위해 면죄부를 팔았는데, 그 폐해가 얼마나 심했는지 "성모 마리아를 겁탈해도 면죄부를 사면 용서받을 수 있다"는 카피가 나돌 정도였다고 한다. 이처럼 신에게 죄를 탕감받고자 면죄부를 사는 행위를 '신에게 바치는 뇌물'이라고 표현하고 있다.[8]

신에게 용서받기 위해 돈으로 면죄부를 사는 것, 생각해 보니 그것도 일종의 뇌물일 수 있겠구나 싶었다.

이런 생각을 계기로 신화에서 뇌물을 받은 신이 과연 있었는지 찾아보았다. 여러 신화를 살폈지만 의외로 신화 속에서 뇌물을 받고 원하는 대로 해주는 사례는 드물었다. 그저 찾을 수 있는 것이 헤르메스 Hermes가 자신이 아폴론Apollo의 소 떼를 숨기는 것을 본 노인에게 소 한 마리를 뇌물로 주며 입막음을 하는 정도랄까? 그 내용을 잠깐 살펴보자.

태양신 아폴론이 제우스Zeus를 화나게 한 대가로 목신牧神의 피리를 들고 다니며 가축을 돌보는 벌을 받게 되었다.

태어나면서부터 남의 것을 훔치는 재주가 있었던 헤르메스는 이번에는 아폴론의 소 떼를 노렸다. 그런데 아폴론이 지키는 소 떼를 몰래 숨길 때 하필 바토스라는 노인이 그 장면을 목격하고 말았다. 수다쟁이인 바토스의 입이 걱정된 헤르메스는 바토스에게 아주 훌륭한 소 한 마리를 주면서 자신이 소 떼를 숨겼다는 것을 아무에게도 말하지 말라고 당부했다.

뇌물을 받은 바토스는 "돌이 고자질하는 일은 있어도 저는 절대 그럴 리 없습니다."라고 하면서 안심시켰다.

헤르메스는 그를 믿고 돌아가다가 미심쩍어 변장을 하고 다시 바토스 앞에 나타나서 "혹시 내 소 떼를 보지 못하였소?" 하고 묻고는 "만약 누가 훔쳐 갔는지 당신이 알려준다면 그 대가로 크고 튼튼한 암수 한 쌍의 소를 주겠소."라고 제안했다.

그러자 소 두 마리가 욕심난 바토스는 서슴없이 헤르메스와의 약속을 깨고 소 떼를 숨겨놓은 장소를 알려주었다. 헤르메스는 기가 막히고 화가 나서 바토스를 그가 말한 대로 돌로 만들어 버렸다.[9]

양과 함께 있는 헤르메스. 날개 달린 헬멧을 쓰고 지팡이를 짚고 있다. 루브르박물관 소장

오비디우스Ovid의 《변신 이야기》에 나오는 헤르메스 이야기로, 보다시피 뇌물을 준 이유가 그렇게 대단한 것이 아니다. 그저 비밀을 지켜주는 대가일 뿐이다.

뇌물은 사사로운 일을 부탁하기 위해 건네는 부정한 돈이나 물건을 말한다. 그리스 신화에는 신에게 뇌물을 주어 어떤 것을 부당하게 성취하는 경우가 거의 없다.

그리스·로마 신화를 읽을 때면 종종 어떻게 이런 내용의 신화를 탄생시킬 수 있었을까 하고 감탄할 때가 있다. 광대한 스케일, 다양한 인물 설정, 흥미로운 사건 구성, 파격적인 상상력에 놀랄 때가 많다. 그런데 어떤 신화를 보면 오히려 우리 신화가 훨씬 더 놀라운 상상력을 발휘하고 있다는 생각이 든다.

'저승신에게 뇌물을 주어 죽음을 피한다.'

이런 기상천외한 상상력의 신화가 우리에게 있다. 그것도 지역별로 다양한 모습으로….

'죽음의 세계로 인간을 데려가기 위해 내려오는 저승차사에게 뇌물을 써서 죽음을 막아보면 어떨까?' 이런 황당한 사고를 담은 신화가 우리나라 곳곳에서 전하고 있다. 그중에서 충청도와 전라도를 중심으로 전승되는 〈장자풀이〉를 살펴보자.

옛날 사마장자와 우마장자가 한 마을에 살았다. 우마장자는 가난하기는 해도 심성이 착해서 형제, 이웃과 화목하게 지내고 조상도 극진히 모셨다. 그러나 사마장자는 부자였지만 마음씨가 좋지 못해 사람을 괴

롭히고 조상을 섬기지 않았다.

그러던 어느 날 저승에 있는 사마장자의 조상들이 시왕에게 "사마장자가 부자로 잘살고 있으면서도 우리 조상들에게 밥 한 숟가락, 물 한 모금 올리지 않으니 배가 고파 못 살겠습니다."라고 탄원을 올렸다. 시왕은 그 말이 사실인지 확인하기 위해 도승 하나를 사마장자의 집으로 내려보냈다.

도승이 사마장자의 집에 찾아가서 동냥을 달라고 하니 아니나 다를까 사마장자는 도승의 볼기를 치고 두엄을 한 삽 퍼주고는 쫓아냈다. 도승이 이를 쏟아버리고 막 돌아가려는데, 사마장자의 며느리가 시아버지의 잘못을 용서해 달라고 빌면서 명주와 쌀을 공양했다.

도승은 저승으로 돌아가 시왕에게 "사마장자의 악행은 조상들이 말한 것과 같습니다."라고 보고했다. 그 말을 들은 시왕은 "사마장자의 꿈에 현몽을 주고 잡아들일 채비를 하거라." 하고 명령을 내렸다.

그날 밤 사마장자는 뒷산 은행나무가 세 동강이 나고 천하궁, 지하궁의 까마귀들이 울면서 날아가는 꿈을 꾸었다. 꿈이 하도 요상해서 며느리에게 해몽을 시켰더니, "사람들에게 인심을 잃고 조상을 잘못 모셔서 아버님이 돌아가시려나 봅니다. 세 토막의 나무로 관을 짜고, 상여를 만들고, 제사에 쓸 상을 마련하라는 꿈입니다."라고 풀이했다. 그러면서 살 방도를 찾아보려면 건넛마을 점쟁이에게 가서 점을 쳐야 한다고 했다.

점쟁이가 그 꿈 이야기를 듣고 해몽을 해보더니, "곳간을 열어 사람들에게 곡식을 나눠주고 사흘 밤낮으로 횡수막이 굿을 하시오. 또 노잣돈을 놓고 음식도 장만해 저승차사를 대접하기 위한 차사상을 차리시오." 하고 알려주었다.

상례 때 저승 삼 차사를 대접하기 위해 차리는 차사상 ⓒ 국립민속박물관

때가 되어 사마장자를 데리러 저승에서 삼 차사가 내려왔다. "한참을 걸어 내려왔더니 배도 고프고 목도 말라 더 이상은 못 가겠네." 하며 탄식하고 있는데, 어디선가 음식 냄새가 진동을 했다. 삼 차사는 동네 사람들이 차린 줄 알고 허겁지겁 먹고 났더니 사마장자가 나타나 자신이 차사들을 대접하기 위해 일부러 차린 음식이라고 했다.

저승차사들이 뇌물을 받은 셈이니 어쩌지 못하고 난감해하고 있는데, 옆에 있던 며느리가 "이 동네에 사마장자와 한날한시에 태어난 우마장자라는 사람이 있소."라고 귀띔을 해주었다. 저승차사들은 할 수 없이 음식을 대접해 준 사마장자 대신 우마장자를 데려가기로 마음먹고 우마장자의 집을 찾아갔다. 하지만 삽살개가 짖고 문전신이 호령하고 막아서니 그를 도저히 잡아갈 수 없었다.

저승차사들이 이러지도 저러지도 못하고 있으니 이번에는 며느리가 사마장자가 타고 다니던 백마를 사마장자인 듯 사마장자의 갓과 의복으로 꾸며서 넘겨주며, "사마장자가 죄를 많이 지어 산 채로 말이 되어서 할 수 없이 이 말을 끌고 왔다고 하시오." 하고 제안했다.

삼 차사가 저승으로 말을 끌고 가서 그렇게 보고를 하니, 저승왕이 그 말을 죽이라고 명령을 내렸다. 그러자 말이 사마장자를 태우고 온갖 고생을 다한 자신을 사마장자 대신 죽게 했다면서 원망하며 울었다. 그러니 이승의 사마장자는 꿈자리가 좋을 리가 없었다. 할 수 없이 사마장자는 점쟁이를 다시 찾아 점을 쳤다. 그랬더니 죄 없이 죽은 백마가 원망해서 그런 것이니 닷새 동안 말 씻김굿을 해주라고 권했다. 사마장자가 정성껏 말 씻김굿을 해주니 말은 그제야 원망을 그쳤고, 후에 사람으로 환생했다.[10]

신화 내용이 다소 파격적이다. 죽음 인도신인 저승차사에게 뇌물을 써서 정해진 수명을 고쳐 비명횡사를 막는다니 얼마나 황당한 설정이고 기막힌 발상인가. 인간 세상뿐만 아니라 저승에도 부정이 통용되어 뇌물로 인간 수명까지 마음대로 바꿀 수 있다고 말하고 있으니, 정말로 저승차사가 있다면 이런 신화를 얼마나 못마땅하게 여길까?

'어떻게 하면 인간이 죽음의 굴레에서 벗어날 수 있을까?'

인간이라면 누구나 한 번쯤은 이런 생각을 해 보았을 것이다. 특히 나이가 들어서 노화로 자연스럽게 죽음을 맞이한다면 모를까 어느 날 아무런 준비도 없이 갑작스럽게 비명횡사한다면 그 안타까움이 얼마나 클까?

사람의 앞날은 한 치 앞도 모른다. 죽음의 경우도 마찬가지이다. 죽음에는 어떠한 법칙이나 순서가 있는 것이 아니기에 언제 어떻게 죽음과 맞닥뜨리게 될지 알기 어렵다. 그러다 보니 예기치 못하게 사람들에게 닥치는 횡사는 참으로 당혹스럽고 두려운 상황일 수밖에 없다.

생각지도 못하게 가족이나 친한 주변인을 저승으로 떠나보내면 이로 인한 상처는 실로 엄청나다. 그러므로 사람들은 어떤 수단과 방법을 쓰든 갑작스럽게 맞이하는 죽음만은 모면하고 싶어 신화를 통해 엉뚱한 상상을 하는지도 모른다.

뇌물을 쓰면 그 어떤 일이라도 해결할 수 있다고 믿는 부정이 판치는 인간 세상의 모습을 그대로 죽음 신화에 투영해 보면 어떨까? 이런 다소 황당하기까지 한 상상을 하게 된다.

죽음의 세계로 인도하는 저승차사를 위해 정성껏 음식을 차리고, 해진 짚신을 바꿔 신으라고 새것을 준비해 놓고, 노잣돈까지 바친다면 저승차사가 뇌물에 감동해서 비명횡사를 막아주고 하늘이 정한 수명을 고쳐주어 장수하도록 해줄 것이라고 생각했고, 신화에 그 믿음을 담은 것이다.

인간이 죽음을 벗어나는 것은 현실적으로 불가능하므로 신화적인 상상력을 동원해서 죽음을 피하는 방법을 모색하려 한다. 이런 신화적 상상력이 죽음에 대처하는 방식이자 인간 스스로 위안을 삼는 수단으로 활용된다.

신화적 상상력도 결국은 인간 세상에서 사람들이 사는 모습에 기대어 그려질 수밖에 없다. 인정사정없을 것 같은 저승차사에게 뇌물을 주면 그 사람을 조금이라도 배려해 줄 것이라는 소박한 믿음이 신화의 바탕이 된다. 그렇게라도 해서 갑작스러운 죽음을 막아 수명을 연장하고자 하는 노력이 애달프다.

죽음이 얼마나 낯설고 두려웠으면 이런 상상까지 했을까?

꾀를 잘 쓰면 오래 살 수 있다

저승차사에게 뇌물을 바쳐 죽음을 피해 수명을 늘리는 신화를 보았으니 속임수를 써서 죽음을 피하는 신화를 살펴보자.

신화에도 종종 속임수가 등장한다. 속임수는 남을 속이는 행위이므로 정당화될 수 없지만 신화에서는 꼭 그렇지만도 않다.

《삼국유사》에 실린 신라 석탈해 신화를 보자. 석탈해는 경주 남산에 올라가 이곳저곳을 살피다가 호공이라는 벼슬아치의 집이 길지임을 알고 그 집을 빼앗고자 몰래 집 안에다 숯과 숫돌을 묻어둔다. 그러고는 "이 집은 대장장이였던 내 조상이 대대로 살았던 곳이다."라고 말하면서 집을 내놓으라고 한다. 석탈해는 숯과 숫돌을 증거물로 제시해 쟁송에서 이겨 호공의 집을 빼앗는다.[11]

그런가 하면 고구려의 건국 신화를 풍부한 내용으로 서술하고 있는 이규보의 〈동명왕편〉에서는 주몽이 송양과 대결을 벌이면서 서로 나라를 세운 지 오래되었음을 내세우는데, 주몽은 궁궐을 지은 지 얼마

되지 않았음에도 궁궐 기둥이 아주 오래된 것처럼 보이도록 썩은 나무로 기둥을 세워 결국 속임수로 승리를 쟁취하는 모습을 보여준다.[12]

신화의 주인공에게 속임수는 단순히 비난받는 행위가 아니라 지혜로움의 상징이 되기도 한다는 사실에 주목할 필요가 있다. 속임수는 지혜로움을 보여주면서 뛰어난 능력을 과시하는 수단으로 활용되는 신화적 장치이기 때문이다.

죽음은 인간에게 절박한 문제이다. 죽지 않으려고 발버둥 치는 인간에게 죽음을 피하는 방법이 있기는 할까? 현실에서는 존재하지 않는다. 그래서 상상으로나마 가능한 방법을 고민하고 찾는다. 그렇게 찾은 것 중 하나가 죽음의 신을 속여서 목숨을 연명해 보고자 하는 시도이다.

이처럼 죽음의 신을 속여서 죽음을 피한다는 내용의 신화가 우리나라는 물론 서양에도 전한다. 먼저 우리 신화부터 살펴보자.

'동방삭'東方朔이라는 이름은 한 번쯤 들어보았을 것이다. '삼천갑자三千甲子 동방삭'으로 불리면서 오래 산 사람의 대명사가 된 인물이다. 보통 전설 속 인물로 알고 있지만, 그는 한漢 무제 때의 실존 인물이다.

《수신기搜神記》, 《태평광기太平廣記》, 《중국전기中國傳奇》 등에 동방삭에 관한 다양한 이야기가 소개되어 있다. 대체로 농담과 해학을 잘했던 인물로 묘사되며, 서왕모西王母가 한 무제에게 "동방삭이 천상의 복숭아를 세 번이나 훔쳐 먹었다."라고 말했다는 일화가 전해질 정도로 신선처럼 여겨지기도 했던 인물이다.[13]

동방삭은 우리 무속 신화나 설화에도 종종 등장하는데, 수명을 바뀌 저승차사를 속이면서 오래 살았지만 능력 있는 저승차사의 꾀에 넘어가 결국 저승으로 잡혀갔다는 식의 이야기가 전하고 있다.

동방삭이 등장하는 신화는 제주도에 집중되어 있으며, 크게 두 가지 형태로 나뉜다. 하나는 무속 신화 속 작은 삽화 형태이다. 〈차사본풀이〉, 〈사만이본풀이〉와 같은 신화의 끝부분에는 강림차사의 활약상이 그려진다. 동방삭은 삼천 갑자를 살았지만 젊은 모습을 하고 있어 저승의 누구도 그를 잡아가지 못했는데, 강림차사가 지혜로운 꾀를 내어 동방삭의 속임수가 탄로나면서 결국 강림차사에게 잡혀간다. 여기서 주인공은 동방삭이 아니다. 저승차사인 강림이 주인공이고, 동방삭은 조연에 불과하다. 즉, 강림차사의 무용담으로 보아도 무방하다.

다른 하나는 동방삭을 주인공으로 삼아 독립적인 한 편의 신화로 구성한 형태이다. 진성기 선생이 '특수본풀이'로 분류한 12편 중 〈동방세기본〉[14]이 그것이다. 여기서는 동방삭이 어떻게 삼천 갑자의 수명을 갖게 되었고, 또 저승차사를 속이면서 어떻게 오랫동안 수명을 유지할 수 있었는지, 그리고 마지막에 어떻게 잡혀가게 되었는지를 충실히 설명하고 있다.

그런데 〈동방세기본〉도 완전히 독자적인 신화의 구성이나 완결성을 가졌다고 보기는 어렵다. 다른 삽화 형태의 신화와 마찬가지로 오래 산 동방삭을 잡아가는 저승차사의 무용담을 소개하는 것에서 파편처럼 떨어져나와 한 편의 독립적인 무속 신화인 것처럼 정리된 양상이다. 따라서 두 가지 형태를 별개로 보지 않아도 무방하다.

동방삭의 상여 장식. 국립민속박물관 소장

　그러면 동방삭이 삼천 갑자를 살았다는 내용이 독립적인 신화 형태로 자리 잡은 제주도 〈동방세기본〉에서 동방삭의 행적을 따라가 보자.

　옛날 동방삭이 하늘에서 내려왔다. 그가 하늘에 있을 때 천도복숭아를 하나 따 먹어서 천 갑자를 살게 되었는데, 그 뒤에 또 하나 따 먹고, 다시 또 하나를 따 먹어서 삼천 갑자를 살 수 있었다. 그는 스무 살 정도의 젊은 모습으로 살았다.

　저승에서는 동방삭을 잡아 오려고 했지만 도무지 잡을 수가 없었다. 그때 이승을 다니는 저승차사 중에 강림차사가 있었는데, 아주 똑똑하고 영특했다. 그래서 저승왕이 강림차사에게 "이승에 가서 동방삭을 잡아 오거라." 하고 명령했다. 강림차사가 이승에 내려와서 이리저리 동방삭을 찾아다녔다. 하지만 아무리 돌아다녀도 도무지 찾을 수가 없었다. 너무 젊게 하고 다녀서 끝내 알아보지 못하고 되돌아가고는 했다.

아무리 찾아다녀도 동방삭을 못 찾으니 하루는 강림차사가 꾀를 냈다. 연하못가에 쪼그리고 앉아 검은 숯을 씻기 시작했다. 그렇게 한참을 숯을 씻고 있으니 어떤 젊은 사람 하나가 지나가다가 하는 말이 "내가 삼천 갑자를 살았어도 숯을 물에 씻는 놈은 처음 보겠다. 숯도 씻으면 하얗게 되느냐?" 하고 물었다.

그 순간 강림차사는 '이놈이 바로 동방삭이구나.' 하고 알아채고는 동방삭을 잡아서 저승으로 데려갔다.**15**

동방삭이 등장하는 제주도 무속 신화는 저승왕이나 저승차사를 속이면서 죽지 않는 동방삭과 죽음의 질서를 유지하기 위해 동방삭을 잡아가려 하는 저승차사의 대결을 바탕에 두고 있다.

동방삭은 스무 살 정도의 젊은 모습으로 저승사자를 속이면서 삼천 갑자를 살았다고 한다. 동방삭이 삼천 갑자를 살 수 있었던 것은 〈동방세기본〉에서처럼 천도복숭아 세 개를 훔쳐 먹어서 그렇다고도 하고, 다른 신화에서는 동방삭의 수명이 본래 서른 살에 불과했는데, 저승에서 삼십三十의 '십'十자 위에 획을 하나 더 그어 삼천三千으로 명부를 고쳐서 동방삭이 오래 살게 되었다고도 한다.

그런데 이 신화에서 눈여겨볼 것은 오래 살았던 동방삭의 관점이 아닌 요령껏 속이면서 죽지 않는 동방삭을 잡아가는 저승차사 강림의 관점에서 이야기를 전개한다는 사실이다. 강림차사가 지혜로운 꾀를 내어 오래 살았던 동방삭을 잡아갈 수 있었다는 저승차사의 능력담에 초점을 맞추고 있다. 제주도에서는 동방삭 이야기가 이처럼 무속 신화에 포함되어 심방[16]에 의해 전해지므로 죽음 인도신인 강림차사를 모시는 입장에서 차사신을 중심에 놓고 그의 뛰어난 능력과 행적을 말하는 것이 위주가 된다.

그런데 동방삭 이야기는 육지에서도 전승된다. 육지에서의 동방삭 이야기는 심방이 아닌 일반 사람들의 입을 통해 인물 전설의 한 형태로 전한다. 동방삭이 아주 오래 살았던 인물이니 어느 지역의 사람인들 관심을 갖지 않겠는가?

육지에서 전승되는 이야기도 동방삭이 속임수를 써서 죽지 않고 오래 살았는데 저승차사가 묘수를 써서 잡아갔다는 내용으로 큰 틀에서 보면 그다지 차이가 나지는 않는다. 하지만 동방삭이 중심에 있고, 그의 행적 또한 장황하다는 점이 다르다. 특히 저승차사에게 뇌물을 주어 수명을 연장하는 내용이 결합된 양상을 보이기도 한다. 한 편을 예로 들어보자.

옛날 동방삭이라는 명이 길기로 유명한 사람이 있었다. 동방삭이 젊었을 때 욕심이 많아서 논에 물을 대는 데 이웃의 논물을 몰래 끌어다 썼다. 이웃에 사는 점 잘 치는 장님이 괘씸해서 혼내주려고 동방삭의 점을 쳤더니 동방삭이 며칠이 지나지 않아 죽는다는 점괘가 나왔다. 그래서 장님은 굳이 혼내지 않아도 되겠다고 생각하고는 그냥 내버려 두었

삼천 갑자를 살았다는 동방삭을 그린 그림. 동방삭은 중국 서쪽 곤륜산에 있는 여선女仙 서왕모의 선도仙桃 과수원인 낭원閬苑에서 천도복숭아를 세 번이나 훔쳐 먹어 삼천 갑자를 살게 되었다고 한다. 국립중앙박물관 소장

요지연도瑤池宴圖 부분. 서왕모西王母가 사는 곤륜산崑崙山의 요지瑤池에서 3천 년 만에 복숭아가 열리는 것을 기념해 연회를 베푸는 모습을 담고 있다. 그림의 왼편 정원에는 불로장생의 상징인 천상의 복숭아가 자라고 있음을 볼 수 있다. 국립민속박물관 소장

다. 그런데 동방삭이 마침 논에 나왔다가 자신이 명이 짧다는 말을 듣고는 장님에게 살 방도를 알려달라고 애원했다. 장님은 "사흘 뒤에 밤늦게 밥 세 그릇, 짚신 세 켤레, 무명 석 자 세 치를 준비해서 기다리고 있거라. 그러다가 행인 셋이 지나가면 밥을 대접하고 짚신도 주고 하면 방도가 있을 것이다."라고 알려주었다.

동방삭은 장님이 시키는 대로 준비하고 기다리니 과연 행인 셋이 지나다가 "배도 고프고 짚신도 다 떨어졌고 감발도 다 해지고 했으니 쉬었다 가자."라고 했다. 이때 동방삭이 나서서 그들을 잘 대접해 주었다.

행인이 "누군데 이렇게 대접해 주시요?" 하고 물으니 자신이 동방삭이라고 했다. 그들은 바로 저승 삼 차사로, 동방삭을 저승으로 데려가는 임무를 맡아 내려온 것이었다.

동방삭을 저승으로 데려간 저승차사들은 명부를 관리하는 최판관이 잠시 졸고 있는 틈을 타서 '삼십'=十으로 정해진 수명 위에 획을 하나 더 그어 '삼천'=千이 되도록 했다. 최판관은 동방삭의 수명에 착오가 있었다며 이승으로 되돌려 보냈다. 저승차사가 개를 한 마리 주며 "저 개를 따라가면 이승에 닿을 수 있다."고 했다. 개를 따라 한참을 가니 큰 강이 나왔고, 외나무다리가 있어 그 다리를 건너다가 그만 물에 빠졌는데, 놀라 깨어보니 꿈이었다.

그 뒤 동방삭은 마음을 고쳐먹고 착하게 살았다. 그렇게 삼천 년을 살았는데, 저승에서는 삼천 년이 되어도 동방삭을 잡아 올 수 없자 염라대왕이 저승차사에게 "너는 시냇가에 나가 숯을 씻고 있어라." 하고 시켰다. 동방삭이 그 옆을 지나다가 기이하게 여기고 무엇을 하는 거냐고 물었다. 숯이 하얗게 되도록 씻고 있다고 대답하자 동방삭은 웃으며 "내가 삼천 년을 살았어도 숯을 희게 하려고 씻고 있는 사람은 처음 본다."라고 했다. 저승차사가 그 말을 듣고는 그가 동방삭임을 알고 저승으로 잡아갔다.[17]

동방삭은 어떻게 죽지 않고 오래 살았을까? 동방삭은 이웃을 잘 만나 저승차사를 대접하는 방법을 알게 되어 삼천 년을 살게 되었다고 한다. 여기서도 저승차사를 대접하는 방법은 뇌물을 바치는 것이고, 저승차사의 도움으로 저승에서 수명을 고쳐 오래 살았다고 한다. '삽

십'을 '삼천'으로 조작하는 과정이 있었기 때문이다. 그렇다고 해서 동방삭이 영원히 살 수 있는 것은 아니다. 자신을 잡으러 오는 저승차사를 끊임없이 속여야만 목숨을 부지할 수 있다.

위의 이야기에서는 제주도 신화와 달리 저승차사의 뛰어난 능력을 보여주기보다는 전체적으로 동방삭이 중심에 있고, 그가 오래 살 수 있게 된 까닭을 장황하게 설명하고 있다. 이처럼 동방삭 위주의 이야기 전개를 보이지만 여기에서도 끝까지 동방삭의 편을 들거나 동방삭을 옹호하는 입장에서 이야기를 전개하는 것은 아니다.

오래 살게 된 과정은 동방삭의 입장을 담고 있지만, 동방삭이 영원히 사는 존재는 아니기에 저승차사의 입장이 개입될 수밖에 없다. 그래서 또 다른 속임수를 써서 지략의 우위로 동방삭을 잡아 가야만 한다. 죽음을 내리는 쪽과 죽음을 피하는 쪽이 서로를 속이면서 지혜 대결을 벌이는 양상이다. 그러다가 결국 저승차사가 승자가 되는 것이 동방삭 이야기의 전체적인 구도이다.

그러므로 끝부분에 가서는 저승차사의 편에서 어떻게 동방삭을 잡아갈 수 있었는지를 대변하는 식으로 전개가 바뀐다. 긴 수명을 얻었다고 해서 죽지 않는 것은 아니기에 저승차사가 더 나은 지략으로 잡아가는 과정이 덧붙는 것은 필연적이다.

이제 신을 속여 목숨을 연명하는 그리스 신화를 살펴보자. 우리에게 널리 알려진 시시포스 신화에 등장하는 시시포스도 신을 속여 죽음을 피한 대표적인 인물이다. 그는 죽음의 신을 속였을 뿐만 아니라 죽음의 신을 잡아서 포로로 만들기까지 했다. 물론 나중에는 신을 속인 죄로 가파른 언덕 위로 커다란 바위를 되풀이해서 굴려 올려야 하는 가혹한 형벌을 받는다.

시시포스는 본래 코린트 왕국의 왕이었다. 어느 날 시시포스는 제우스가 강의 신 아소포스Asopos의 딸 아이기나Aegina를 유괴하는 장면을 목격한다. 아소포스가 코린트 왕국 사람들에게 딸의 행방을 물었으나, 제우스의 노여움을 살까 봐 무서워 아무도 입을 열지 않았다. 하지만 영리한 시시포스는 이를 절호의 기회로 삼았다.

당시 코린트 왕국에는 우물에 물을 댈 수원水源이 없었다. 코린트 왕국 사람들은 먼 곳에서 물을 끌어다가 대는 데에 진력나 있었다. 시시포스는 아소포스에게 가서 "당신의 딸 아이기나가 납치된 곳을 알려줄 테니 그 대가로 수원을 확보해 주시오."라고 말했다. 아소포스는 요구를 들어주었고, 그 덕분에 땅에서 달콤하고 시원한 샘물이 솟아났다. 시시포스는 아이기나의 행방을 알려주었다.

아소포스는 제우스를 찾아가 딸을 돌려달라고 요구했다. 그러자 제우스는 시시포스의 고자질에 분노하여 죽음의 신을 인간 세계에 보내 시시포스를 잡아가도록 했다.

인간 세계에 도착한 죽음의 신은 땅 위에 있다 보니 마음이 해이해졌다. 사람들은 자신만 보면 겁을 먹고 도망가는데 시시포스는 같이 앉아서 유쾌하게 음식도 먹고 술도 권하며 많은 이야기를 나눌 수 있었다.

그렇게 얼마가 지난 뒤 시시포스가 자신이 만든 수갑을 보여주겠다며 가져왔다. 죽음의 신은 한껏 유쾌해진 기분에 그 수갑을 차고 말았다. 시간이 지나 이야깃거리가 떨어지자 죽음의 신은 그제야 자신이 시시포스의 포로가 되었음을 깨달았다.

죽음의 신이 포로로 잡히자 하데스Hades는 새로운 백성을 받을 수 없었다. 인간은 물론 동물, 식물 등 어느 것 하나 죽지 않으니, 이는 당연한 결과였다. 죽음의 신이 시시포스의 포로 신세가 되자 신들은 죽음이 없으면 세상이 너무 비좁아질 것이라고 불평을 늘어놓기 시작했다. 죽음은 신들이 인간을 통제할 수 있는 가장 효과적인 방법이었다.

세상에서 죽음이 사라지자 신 중에서도 특히 전쟁의 신 아레스가 심하게 분노했다. 아레스는 죽음이 없으니 전쟁을 하나마나 하다고 투덜거렸다. 전쟁터에서 쓰러진 병사들이 다시 일어나 싸울 수 있었기 때문에 전쟁은 지루하기 이를 데 없었다.

한편 지상에 사는 인간들은 기쁨의 환성을 질렀다. 인간들은 이제 더 이상 죽지 않게 되었음을 깨달았다. 모두가 영원히 살 것이라는 생각에 신이 나서 술을 실컷 퍼마셨다. 하지만 죽음이 없자 인간 세상에는 큰 부작용이 생겨났다. 중병에 걸린 사람들이 죽지 않고 계속 살게 되면서 그저 고통을 당하고 있을 수밖에 없었다. 이를 본 제우스는 더욱더 화가 났다. 그래서 전쟁의 신 아레스를 보내 죽음의 신을 풀어주고 시시포스를 잡아오도록 시켰다. 아레스는 제우스의 지시대로 시시포스를 잡아 영혼을 하데스에게 인계했다.

하지만 시시포스는 여전히 영리했다. 시시포스는 아내에게 신들이 자신의 영혼을 데려가더라도 시체를 절대 매장하지 말라고 일러두었다. 시시포스는 죽음의 세계에 도착하자마자 바로 불평을 늘어놓기 시작했다. 자신의 시체가 매장되지 않았을 뿐만 아니라 제대로 장례식도 치러지지 않았으니, 자신은 죽음의 세계에 발을 들여놓을 자격이 없다는 것이었다. 이 이야기를 들은 하데스는 시시포스에게 이승으로 돌아가서 모든 일을 제대로 처리하고 오라고 하면서 사흘간의 여유를 주었

속임수로 신을 속이고 죽음의 신마저 가둬버린 시시포스는 그 형벌로 끊임없이 바위를 산 위로 밀어 올려야 한다. 마드리드 프라도미술관 소장

다. 그러나 시시포스는 사흘이 지난 뒤에도 죽음의 세계로 돌아가지 않았다. 또 한 번 신을 속인 것이다.

　이번에는 제우스가 직접 확인에 나섰다. 시시포스는 여전히 죽음의 세계로 가지 않고 인간 세상에 머물고 있었다. 제우스는 신들의 사자이자 죽은 자의 영혼을 저승으로 인도하는 역할을 하는 헤르메스를 보냈다. 헤르메스는 시시포스의 영혼을 사로잡고 그의 시체는 절차를 갖춰 매장해 주었다. 그러고는 그 영혼을 지하 세계로 인도했고, 드디어 시시포스는 죽음의 세계로 온전히 들어가게 되었다.[18]

죽음의 신을 속인다고 해서 죽음을 피할 수 있을까? 그렇지 않다. 인간 세상에 죽음이 존재하는 것은 엄연한 현실이다. 단지 죽음을 피하고 싶어 하는 인간의 욕구가 그만큼 절실하다는 것을 신화를 통해 내보일 뿐이다. 속임수를 써서 죽음을 피하는 신화를 보면 죽음의 신을 속일 수 있을지라도 이는 일시적일 뿐, 결국은 죽음으로 끝맺음한다.

신화에 죽음을 피하고 싶은 염원을 담아 죽음신을 속이고 오래 사는 상상도 해보지만, 그것은 오직 상상에서나 가능할 뿐 현실을 돌아보면 금세 좌절할 수밖에 없다. 죽음신을 속이고 영원히 살았다고 말하는 신화가 있다면 좋을 텐데 현실의 벽과 충돌하면서 신화에서도 영생을 포기하고 만다.

그러나 상상으로나 가능한 일이기는 하지만 죽음신을 속이고 심지어는 죽음신을 잡아 가두기까지 했으니 이 얼마나 통쾌한 일인가?

인간이 갖는 최고의 두려움은 뭐니 뭐니 해도 죽음이 아닌가? 이런 죽음을 조롱하고 상상으로나마 물리치는 생각을 할 수 있는 인간. 그렇기에 인간을 위대한 존재라고 말할 수 있는 것이다.

──────── 환생, 저승 다녀오겠습니다!

'이생망'이라는 신조어가 있다. 삶이 뜻대로 풀리지 않고 고난이 거듭되니 답답해하며 쓰는 말이다. 그런데 재미있는 점은 이번 생은 망했다는 말에는 생이 한 번으로 끝나지 않고 거듭된다는 의미가 함축되어 있다는 것이다. 이번 생을 끝내고 죽더라도 또 다음 생이 마련되어 있으니, 그때는 지금처럼 실패하지 않고 원하는 삶을 살 수 있으리라는 기대가 담겨 있는 말이기도 하다. 즉, '환생'을 바탕에 두고 있어야 가능한 말이다.

'환생'은 '형상을 바꾸어 다시 태어남'을 뜻하는데, 과연 사람이 죽으면 다시 태어날 수 있을까? 만약 환생이 일반적이라면 사람은 죽는다고 할 것이 아니고 "저승 다녀오겠습니다."라고 해야 하지 않을까?

임석재 선생이 채록한 인간의 영혼이 신체와 분리되는 옛이야기로부터 환생 이야기를 시작해 보자.

옛날 한 남자가 잠을 자고 있었다. 그 옆에서 부인이 바느질하면서 보니 남편의 콧구멍에서 아주 작은 쥐 한 마리가 빠져나와 방바닥을 한참 돌아다니다가 방 밖으로 나가는 것이었다. 부인은 그 쥐가 어디로 가는지 궁금해서 따라나섰다.

밖으로 나간 쥐는 비가 와서 물이 흥건히 고인 웅덩이를 지나가지 못하고 쩔쩔매고 있었다. 부인이 손에 들고 있던 자를 물 위에 다리처럼 놓아주었더니 쥐는 그것을 타고 건넜고, 밭이 있는 곳으로 가더니 귀퉁이 부분을 한참 파다가 포기하고 집으로 돌아와 남편 콧구멍 속으로 들어가 버렸다.

쥐가 콧구멍으로 들어가자 남편이 기지개를 켜며 일어나 부인에게 말했다.

"내가 참 요상한 꿈을 꾸었소. 내가 집을 나가서 한참을 걸어가니 큰 강이 나오는데 물이 불어서 건널 수가 없었다오. 그런데 어디선가 선녀가 내려오더니 다리를 놓아주는 거야. 그 물을 건너 또 한참을 걸어가니 들판이 나왔는데, 그 들판 한군데에 금항아리가 묻혀 있는 거 아니겠소. 그런데 도무지 파낼 수가 있어야지. 그래서 무척이나 안타까워하다가 그만 잠에서 깼다네."

부인이 그 말을 듣고는 '아까 그 쥐가 땅을 파던 곳에 금항아리가 묻혀 있구나.' 생각하고 남편과 함께 그곳으로 가서 땅을 파보았다. 그랬더니 과연 금이 잔뜩 든 항아리가 묻혀 있었다. 부부는 그것을 파내어 큰 부자가 되었다.[19]

1922년 무렵 전라북도 순창에서 채록된 설화이다. 본래는 끝부분에 "이 사람이 말한 걸로 보아 쥐가 혼魂이고, 혼이 콧구멍으로 빠져나

가서 돌아다니면서 보고 들은 것이 꿈이 된 것 같다."라고 하여 이야기하는 사람의 생각을 삽입하고 있다.

위 설화에는 인간의 육신과 영혼이 분리된다는 인식이 반영되어 있다. 〈차사본풀이〉에서도 강림의 재주를 탐낸 염라대왕이 원님에게 "강림의 육신을 갖겠는가 영혼을 갖겠는가?" 묻고는 육신은 이승에 남겨두고 영혼만 저승으로 데려간다. 이렇게 해서 강림은 죽고, 저승과 이승을 오가는 저승차사로 거듭난다.

사람이 죽고 나면 과연 어떻게 될까? 저승에서 심판을 받은 후 저승에만 머물게 되는 것일까? 이승으로는 영영 되돌아오지 못하는 것일까?

사람들은 죽더라도 환생해서 이 세상으로 되돌아올 수 있지 않을까 생각하지만 과연 그런지는 알 수가 없다. 다만 인간이 환생할 수 있다는 막연한 믿음이 있어서 영원한 죽음은 아닐 것이라 생각하며 위안을 받곤 한다. 옛이야기에는 이런 인간의 바람을 담은 환생담이 다양하게 전해지고 있다.

인상 깊게 들었던 환생 이야기가 있다. 어느 선비의 환생과 관련된 흥미로운 이야기이다.

옛날 한 선비가 학문에 큰 뜻을 두어 책 삼백 권을 읽을 때까지는 절대 술을 마시지 않겠다고 다짐하며 매일매일 학문에 정진했다. 하지만 그 선비는 재주는 좋았으나 수명이 길지 않아 젊은 시절에 그만 요절하고 말았다.

죽어서 저승길을 가는데, 길이 멀고도 힘들었다. 몇 날 며칠을 쉬지 않고 걸으니 너무도 지치고 목이 말랐다. 그런데 때마침 주막이 하나 있었다. 잠깐 들러 목도 축이고 허기도 채울 생각으로 주막에 들어갔다. 그곳은 다른 것은 없고 오직 막걸리만 파는 곳으로, 저승길에 지친 망자들이 들러 막걸리를 한 잔씩 마시고 가는 곳이었다.

선비 또한 너무 목이 말라 막걸리 한 잔 마시고 싶은 마음이 간절했지만, 책 삼백 권을 읽을 때까지는 절대 술을 입에 대지 않겠다는 다짐을 상기하고 참고 또 참으며 주막을 그냥 나왔다.

그런데 그 주막의 막걸리가 바로 망각의 술이었다. 그 술을 마시면 이승에서의 모든 기억을 잊게 되어 내생에서 전생의 기억을 전혀 할 수 없게 되는 것이다. 그런데 선비는 막걸리를 마시지 않았으니 전생을 기억하는 것은 물론 그동안 쌓았던 학식 또한 그대로 간직할 수 있었다.

착한 삶을 살았던 선비는 저승에 갔지만 이내 다시 인간으로 환생할 수 있었다. 어느 양반 가문의 아들로 태어났는데, 선비는 다시 태어난 것이 그렇게 기쁠 수가 없었다. 선비는 태어나자마자 자신이 환생한 것이 좋아서 덩실덩실 춤을 추며 전생의 일을 부모에게 다 이야기해 버렸다.

부모는 갓 태어난 아기의 행동이 너무나 기괴해서 그만 산에 갖다버렸고, 아기는 결국 산짐승의 먹이가 되어 이 세상을 다시 하직했다. 저승으로 다시 간 선비는 염라대왕에게 열 살이 될 때까지는 절대로 아무 말도 하지 않겠다고 다짐하고 인간 세상에 환생하는 것을 승낙받았다.

그렇게 다시 태어난 선비는 열 살이 되는 해까지 아무 말도 하지 않으며 벙어리로 살았다. 지체 높은 집안의 외아들로 태어나 가족들의 사랑을 한껏 받았지만 나이가 들어도 말을 하지 못하니 식구들은 병신 자식이 태어났다면서 실망이 이만저만이 아니었다. 부모에게 버린 자식

취급을 받으며 서럽게 어린 시절을 보내고 열 살이 되었다.

아버지가 시를 짓다가 소피가 마려워 잠시 뒷간을 간 사이에 선비가 그 시를 완성해 놓았다. 아버지가 돌아와서 보니 훌륭하고 수준 높은 시가 완성되어 있는 것이 아닌가! 아버지는 깜짝 놀라 주위를 둘러보니 열 살 난 벙어리 아들만이 곁에 있을 뿐이었다.

어찌 된 영문인지 궁금해하고 있을 때, 아들이 갑자기 "소자가 완성했습니다."라고 말을 하는 것이었다. 아버지는 소스라치게 놀라 기절할 지경이었다. 그저 말 못 하는 병신인 줄로만 알았는데 말도 잘할 뿐만 아니라 시를 완성한 경지도 놀라워 감탄을 자아낼 만했기 때문이었다.

선비는 다짐했던 대로 책 삼백 권을 읽을 때까지 학문에 정진했고, 훗날 뛰어난 학문적 성과를 얻는 대학자가 되었다.[20]

환생을 하기 위해서는 전생과 현생을 단절시키는 장치가 필요하다. 이 설화에서는 주막이 그런 기능을 한다. 망각의 술을 먹여 전생의 기억을 없애야 혼란 없는 내생이 가능하다.

드라마나 영화에는 전생과 현생을 오가는 내용이 많다. 큰 인기를 얻었던 드라마 〈도깨비〉에서도 이승의 기억을 잃게 하는 '망각의 차'가 나온다. 저승차사는 "이 생에서 수고 많았어요. 조심히 가요. 다음 생으로."라고 말하며 차를 건네고, 망자는 그 차를 마신다.

그리스 신화에는 레테의 강이 등장한다. 그 강물은 마시면 모든 기억이 사라지는 망각의 물이다. 사람들이 전생을 기억하지 못하는 이유는 바로 망각의 물을 마시기 때문이라고 한다.

위의 설화에서도 선비는 망각의 술을 마시지 않아서 전생을 기억

Hermine Laucota의 〈레테 호숫가〉. 레테의 강은 사람이 죽어 저승으로 가면서 건너게 되는 다섯 개 강 중의 하나로, 그 강물을 마시면 이승의 모든 기억이 사라진다고 한다.

할 수 있었다. 그런 까닭에 몇 번의 생을 거듭하면서도 그동안의 기억을 잃지 않고 간직할 수 있었다.

요즘도 사람들은 끊임없이 전생을 이야기한다. 〈신비한 TV 서프라이즈〉와 같은 TV 프로그램에도 신기한 이야기로 흔히 소개되는 소재가 바로 환생이다. 어떤 사람이 소식을 듣거나 가본 적이 없음에도 멀리 떨어진 곳의 과거 사건을 소상히 알고 있다. 연유를 따져보니 그곳에 살았던 사람이 환생했기 때문이라고 말하면서 참으로 신기한 일이라고 소개한다.

이러한 전생 관념은 당연히 내생을 바탕으로 만들어진다. 이 생에서 죽더라도 나중에 새로운 존재로 환생할 수 있다는 막연한 믿음이 있기에 전생을 인정하고 받아들이는 것이다.

그런데 이런 환생에 대한 믿음은 영원한 죽음을 부정하는 하나의 방식일 수 있다. 죽음은 자연현상이니 사람들은 이를 어쩔 수 없이 인정한다. 그렇지만 완전한 소멸을 인정하고 싶지는 않다. 그래서 찾은 것이 '환생'이다. 죽더라도 다시 태어난다고 생각하면서 인간에게 닥친 죽음의 두려움을 피하고, 완전한 죽음으로부터 벗어날 수 있다고 위안을 삼는 것이다.

인간을 비롯한 생물들에게 죽음은 필연적이다. 죽음은 절대로 극복할 수 있는 대상이 아니라는 것을 깨닫는 순간부터 인간은 죽음의 두려움을 극복하는 방법을 찾고자 했다. 그렇게 해서 찾은 방식의 하나가 바로 전생과 내생의 설정을 통한 순환론적 생명의 지속이다.

이 때문에 불교를 비롯한 여러 종교에서는 죽음으로부터 도피하려는 인간에게 죽음을 받아들여야 한다는 당위성을 긍정적이고도 효과적으로 설명하는 수단으로 '환생'을 이용한다. 그러면서 한편으로는 내생을 통해 죽음으로부터 인간을 구원해 주는 방식이 곧 환생임을 설명하면서 그 종교를 지탱하는 근간으로 삼기도 한다.

어떻든 전생과 내생은 죽음에 대한 두려움을 피하는 한 가지 방법이며, 불가능한 영생을 포기하지 못하고 매달리는 인간을 달래는 수단이라고 할 수 있다. 그렇기에 인간은 환생 이야기에 끊임없이 관심을 가지고 계속 재생산해 내는 것이기도 하다. 죽음을 맞더라도 환생을 통해 또다시 살 수 있기를 바라면서 말이다.

잠과 죽음, 그 같음과 다름

영화 〈서복〉에서 영원히 죽지 않는 복제인간 서복이 죽음에 대해 묻는 장면이 나온다.

"죽는다는 건 어떤 거야?"
"아주 깊은 잠을 영원히 자는 거야."

사람들은 흔히 죽음을 잠에 비유한다. 일부러 비슷하다고 생각하는 것일 수도 있다.

'영면하다', '고이 잠드소서', '여기 잠들다' 등 사람이 죽어 고인이 되었을 때 사람들은 흔히 잠과 연결해서 말하곤 한다. 그냥 '죽었다'고 하면 될 것을 굳이 '잠들었다'고 표현한다. 사람들은 왜 이처럼 죽음을 애써 잠과 연결하려는 것일까?

잠과 죽음은 겉으로 보기에 어느 정도 비슷한 면이 있다. 사람이 잠이 들면 의식 활동이 잠시 중단되어 크지 않은 자극에는 반응을 하지 않는다. 사람들은 이런 모습이 죽음과 별반 다르지 않다고 생각해 잠과 죽음을 굳이 구분하려 하지 않는 듯하다.

하지만 더 본질적인 것은 죽음을 어떻게든 인정하고 싶지 않은 인간 내면의 심리가 작용한 것은 아닐지. 죽음의 상태가 잠을 자는 모습과 유사하다는 것으로 애써 위안을 삼아 죽음이 영원히 이별하는 것이 아니며, 잠에서 깨듯 다시 깨어나기를 바라는 마음이 저변에 자리 잡고 있는 것이다.

실제 몇몇 죽음기원신화에서는 태초에 신이 인간에게 죽음과 잠을 구분해 주지 않았다고 말한다. 아직 세상에 죽음이 생겨나지 않았을 때를 배경으로 삼고 있기는 하지만 말이다.

2장의 〈달은 영생을, 토끼는 죽음을〉에서도 언급한 아프리카 수단 누바족 신화에서는 이 세상이 처음 시작되었을 때에는 죽음과 잠이 별개가 아니었다고 한다. 사람이 죽으면 신은 친척들에게 그 사람은 단지 잠들었을 뿐이라고 하면서 하룻밤 동안 옆에 두게 했고, 다음 날 아침에는 그가 되살아나는 것을 볼 수 있었다고 한다.[21]

죽음이 생기기 이전 세상에는 오직 잠만 있었다. 하지만 인간이 신의 말씀을 거역하면서 잠과 다르지 않았던 죽음이 영원한 죽음 형태로 바뀌었다. 즉, 잠으로부터 죽음이 비롯된 것이라고 생각한다.

그런데 이처럼 죽음과 잠을 동일시하는 신화의 이면에는 달의 재생 원리가 깔려 있다는 사실에 주목할 필요가 있다.

인간 세상에 죽음이 자리 잡기 이전에는 인간이 달과 같은 원리에 따라 계속 재생하며 되살아났기에 인간은 죽음 없이 영원히 살았다.

달이 거듭 재생하면서 영생을 유지하는 모습은 인간이 잠들었다가 아침이면 다시 깨어나는 모습과 다름없다고 인식했던 것이다.

서태평양 미크로네시아의 캐롤라인 제도에서 전하는 다음 신화에서도 죽음과 잠을 동일하게 인식하고 있음을 볼 수 있다. 사람들은 죽음을 그저 긴 잠에 불과한 것으로 여겼다.

> 고대에는 사람들이 죽음을 몰랐다. 죽음은 짧은 잠에 불과하다고 생각했다. 사람들은 그믐달이 사라지는 날에 죽었다가 초승달이 생겨날 때 다시 살아날 수 있었기 때문이다. 마치 긴 잠을 푹 자고 일어난 듯 산뜻한 기분으로 다시 깨어나서 살아가는 것이었다. 그러나 어느 순간 악귀가 무슨 꿍꿍이가 있었는지 장난을 쳤고, 그러면서 사람들이 죽음의 잠에 빠지면 더 이상 깨어나지 못하게 되었다.[22]

인간은 원래부터 달의 원리를 담고 있던 존재여서 죽는 것이 아니라 긴 잠을 자고 다시 깨어났다고 신화에서는 말한다. 하지만 그런 긴 잠이 어느 순간 잠들면 다시는 깨어나지 못하는 죽음의 잠으로 바뀌어 버렸다.

이처럼 죽음과 잠이 달을 매개로 연결되면서 같은 것으로 인식되었다가 어떤 사소한 계기로 달의 원리가 인간에게 적용되는 것이 멈추면서 그 관계가 끊어져 버렸다. 경우에 따라서는 달이 자신의 주기적 변화 원리를 닮도록 해서 인간에게 영생을 내리고자 했지만 인간이 이를 잠이 아닌 죽음이라고 우기며 받아들이지 않으면서 인간에게 죽음이 생겨났다고 말하기도 한다.

남아프리카 부시먼Bushman이 전하는 죽음기원신화에서는 달이 인간에게 죽음은 단지 잠자는 것에 불과하다면서 인간을 죽지 않도록 하겠다는 의지를 보이지만, 한 인간이 달의 말을 믿지 않고 서로 대립하다가 잠과는 다른 죽음이 생겨났다고 한다.

달이 "내가 죽었다가 다시 살아나듯이 인간도 완전히 죽는 것이 아니라 재생하며 영원히 살 것이다."라고 했다. 하지만 어떤 사람 하나가 그 말을 믿지 않고 어머니가 돌아가시자 대성통곡했다. 달은 "네 어머니는 잠들어 있을 뿐이다."라고 했지만, 그는 죽은 것이라고 우겼다. 이렇게 달이 인간과 한참을 다투다가 그만 화가 나서 인내심을 잃고 그의 뺨을 때렸고, 입술을 찢어 토끼로 만들어 버리고는 "평생 개에게 쫓길 것이다."라고 했다. 또한 인간을 괘씸히 여겨 "인간은 죽었다가도 다시 살아나 영원히 살 것이라는 내 말을 믿지 않았기에 이제부터는 죽을 것이다."라고 선언했다. 그 뒤로 인간에게는 잠과 같았던 죽음이 영원한 죽음으로 바뀌었다.[23]

달은 자신이 재생하듯이 인간에게 죽음은 없을 것이라고 했지만 인간이 동의하지 않고 의견 충돌을 빚으면서 잠과는 다른 죽음이 생겨나게 되었다. 이전에는 없던 영원한 잠, 곧 죽음으로 바뀌고 만 것이다.

이처럼 신화에서는 죽음과 잠이 본래는 다르지 않았다고 말하고 있는데, 달의 재생 원리가 죽음과 잠을 연결하는 중요한 매개체 역할을 하는 것이 특징이다.

달은 사라졌다가 새로 생겨나기를 반복하는 재생의 원리를 담고 있다. 인간 또한 처음에는 달이 재생하듯 영원히 죽지 않고 끊임없이 되살아나는 과정을 반복하였기에 태초에는 죽음이 없었다. 죽더라도 끊임없이 되살아나는 모습은 긴 잠을 자고 다시 깨어나는 모습과 다르지 않다고 생각했다. 달과 같은 재생이 인정된다면 죽음은 결국 긴 잠에 불과하다는 것이다.

죽음과 잠을 동일시하거나 밀접하게 연결되어 있다는 인식은 그리스 신화에서도 나타난다.

그리스 신화의 죽음의 신은 타나토스이다. 죽은 자의 영혼을 지하 세계로 안내하는 것은 헤르메스이지만 죽은 자의 영혼을 데려가는 것은 죽음의 신 타나토스이다. 타나토스에게는 쌍둥이 형제가 있는데, 바로 잠의 신 히프노스Hypnos이다. 그리스인은 죽음과 잠의 본성이 근본적으로 동일하다고 생각했다.[24]

우리 신화에서도 비슷한 인식이 발견된다. 제주도 신화인 〈세경본풀이〉의 정수남이나 〈문전본풀이〉의 여산부인은 갑자기 죽음을 맞이하지만 서천꽃밭에서 구해 온 생명꽃 덕분에 다시 살아난다. 그들이 죽었다가 깨어나면서 하는 첫마디는 "한숨 잘 자고 일어났다."이다.

이렇듯 세계 여러 신화에서 죽음을 잠과 연계해서 생각하고 있음을 어렵지 않게 찾아볼 수 있다.

우리는 여기에서 죽음이 인간으로서는 불가항력적인 자연현상이니 어쩔 수 없이 수긍하고 받아들이지만, 한편으로는 어떻게 하면 조금이라도 죽음으로부터 도피할 수 있을까, 또 그 두려움으로부터 벗어날 수 있을까 하는 인간 내면의 고민을 담고 있는 신화들도 다양하게 살펴보았다. 죽음과 잠을 동일하게 여기는 사고 또한 결국 죽음을 인정하지 않으려는 인간의 본능을 반영한 것이다. 어떻게든 죽음으로부터 도피하고자 하는 심리가 잠재되어 있다고 볼 수 있다. 죽음과 잠을 구분하지 않음으로써 죽음이 가져다주는 여러 가지 공포, 예컨대 당면한 죽음에 대한 정신적 두려움은 물론 육체적인 고통, 또 이 세상과 헤어져야 하는 두려움을 조금이라도 떨쳐버리려는 것이다.

이 세상에 죽음과 닮은 잠이 있어 죽음을 대하는 인간에게 얼마나 위안이 되고 있는지….

제1장 신이시여, 죽게 하소서

1 張仲仁 外 編,《彝族創世史》, 云南民族出版社, 1990. 66~70쪽.

2 J. G. Frazer, *Folklore in the Old Testament: Studies in Comparative Religion and Law*, Macmillan and Co., Ltd.(Kessinger Publishing's Rare Reprints), 1923. 22쪽.

3 위의 책, 20~26쪽.

4 吉田敦彦 외, 하선미 역,《세계의 신화 전설》, 혜원, 2010. 491쪽.

5 Sylvia Schopf, *Wie der Tod in die Welt kam: Mythen und Legenden der Völker*, Verlag Herder, 2007. 이 책에서는 주로 임영은의 번역본인 《죽음의 탄생》(말·글빛냄, 2008. 187쪽)을 참고했다.

6 김석희 역,《위대한 주제: 세계의 신화들》, 이레, 2008. 109쪽.

7 김형준 편,《이야기 인도신화》, 청아출판사, 1994. 34~40쪽.

8 Tulasi Diwasa, "Why Death is Invisible", *Folk Tales from Nepal*, Publications Division, 1993. 신화 내용 정리는 위의 자료를 번역·소개하고 있는 김남일·방현석의 〈죽음은 왜 보이지 않는가〉,《백 개의 아시아 1》(아시아, 2014. 39~44쪽)을 함께 참고했다.

9 Richard Erdoes & Alfonso Ortiz, *American Indian Myths and Legends*, Pantheon Fairy Tale & Folklore Library, 1984. 350~351쪽.

10 Sylvia Schopf, 같은 책, 164~165쪽.

11 위의 책, 235쪽.

12 아프리카의 죽음기원신화 중에 카멜레온이 죽음의 순서를 없애는 역할을 하는 신화가 있는데, 이는 제2장의 〈죽음을 전하는 뱀과 카멜레온〉 편에 소개되어 있다.

13 西双版納傣族自治州 民族事務委員會 編,《哈尼族古歌》, 云南民族出版社, 1992. 405~425쪽. 전후 맥락과 번역은 김선자의 《중국 소수민족 신화기행》(안티쿠스, 2009. 180~183쪽)을 참고했다.

14 현용준,《제주도무속자료사전》, 각, 2007. 226~227쪽. 장주근 채록본에는 까마귀가 "아이도 가거라. 젊은이, 늙은이, 남녀노소 다 오라고 한다."라고 외쳤다고 기록되어 있다.(장주근,《제주도무속과 서사무가》, 역락, 2001. 152쪽)

15 Sylvia Schopf, 같은 책, 115~116쪽.

16 술라웨시(Sulawesi)의 전 이름은 셀레베스(Celebes)이다.

17 J. G. Frazer, 같은 책, 27쪽.

18 위의 책, 26쪽.

19 大林太良,《世界の神話》, 日本放送出版協會, 1976. 89쪽.

20 김선자,《중국 소수민족 신화기행》, 안티쿠스, 2009. 98~99쪽.

제2장 죽음을 가져다준 동물

1 Sylvia Schopf, 임영은 역,《죽음의 탄생》, 말·글빛냄, 2008. 81~83쪽.

2 위의 책, 85쪽.

3 위의 책, 127~130쪽.

4 위의 책, 203~204쪽.

5 위의 책, 74~77쪽.

6 Geoffrey Parrinder, *African Mythology*, The Hamlyn Publishing Group Ltd., 1967. 54쪽.

7 박시인,《알타이 신화》, 청노루, 1994. 399쪽.

8 김윤진 편,《아프리카의 신화와 전설》, 명지출판사, 2004. 19~20쪽.

9 J. G. Frazer, *Folklore in the Old Testament: Studies in Comparative Religion and Law*, Macmillan and Co., Ltd.(Kessinger Publishing's Rare Reprints), 1923. 31~32쪽.

10 위의 책, 22~23쪽.

11 김기국 외 편역,〈토끼가 갈라진 윗입술을 갖게 된 이유〉,《아프리카의 신화와 전설: 남부 아프리카 편》, 다사랑, 2017. 11쪽. 이 외에도 달이 토끼를 징치하는 과정에서 토끼의 입술이 갈라졌다는 이야기가 세계 곳곳에서 전해진다.

12 Karl Taube, 이응균 외 역,《아즈텍과 마야 신화》, 범우사, 1998. 97~98쪽; 박종욱,《라틴아메리카 신화와 전설》, 바움, 2005. 31쪽.

13 Geoffrey Parrinder, 같은 책, 131쪽.

제3장 끝과 시작, 둘이 아닌 하나

1 Adolf Ellegard Jensen, 이혜정 역, 《하이누웰레 신화》, 뮤진트리, 2014. 109~115쪽.

2 大林太良, 권태효 외 역, 《신화학입문》, 새문사, 2003. 110쪽.

3 위의 책, 32~33쪽.

4 Geoffrey Parrinder, *African Mythology*, The Hamlyn Publishing Group Ltd., 1967. 56쪽.

5 권태효, 《중국 운남 소수민족의 제의와 신화》, 민속원, 2004. 134쪽.

6 大林太良, 권태효 외 역, 같은 책, 106쪽.

7 Carl Sagan·Ann Druyan, 김동광 역, 《잊혀진 조상의 그림자》, 사이언스북스, 2008. 260쪽.

8 大林太良, 권태효 외 역, 같은 책, 107쪽.

9 Sylvia Schopf, 임영은 역, 《죽음의 탄생》, 말·글빛냄, 2008. 117~119쪽.

10 中村啓信 訳註, 《新版 古事記》, 角川ソフィア文庫, 2009. 32~34쪽.

11 松田幸雄, 《アフリカ神話》, 青土社, 1995. 118쪽.

12 이병도 역주, 《삼국유사》, 명문당, 1987. 196쪽.

13 袁珂, 전인초·김선자 역, 《중국신화전설 1》, 민음사, 1992. 163~169쪽.

14 云南省 民族民間文學 楚雄調查隊, 《梅葛》, 云南民族出版社, 2009. 46~50쪽.

15 Thomas Bulfinch, *Bulfinch's Mythology*, Dell Publishing Co., Inc., 1959. 21~27쪽.

16 Hesiod, 김원익 역, 《신통기: 그리스 신들의 계보》, 민음사, 2018. 121쪽.

17 吉田敦彦 외, 김수진 역, 《우리가 알아야 할 세계신화 101》, 아세아미디어, 2002. 388~390쪽; Claude Lévi-Strauss, 임봉길 역, 《신화학 1: 날것과 익힌 것》, 한길사, 2005. 195~197쪽.

18 Claude Lévi-Strauss, 임봉길 역, 같은 책, 325~327쪽.

19 大林太良, 〈火食と死〉, 《世界の神話》, 日本放送出版協會, 1976. 188쪽.

20 J. F. Bierlein, *Parallel Myths*, Ballantine Books, 1994. 200~203쪽.

21 오시리스와 이시스 사이에서 태어난 호루스 또한 세트가 보낸 전갈에 물려 죽게 되지만 태양신 라를 비롯한 신들의 도움으로 재생한다. 그 뒤 호루스는 죽음의 세계로 가서 오시리스를 만나 지혜를 배워 온다.

22 M. Eliade, 이은봉 역, 《종교형태론》, 형설출판사, 1985. 261~289쪽.

23 Lucilla Burn, 이경희 역, 《그리스 신화》, 범우사, 2000. 13~16쪽; Donna Rosenberg, *World Mythology: Anthology of the Great Myths and Epics*, National textbook

company, 1993. 15~21쪽.

24 Lucilla Burn, 이경희 역, 같은 책, 17~18쪽.

25 권태효, 〈한국의 생산물 기원신화〉, 《한국 신화의 재발견》, 새문사, 2014. 14~16쪽.

26 권태효, 《중국 운남 소수민족의 제의와 신화》, 민속원, 2004. 134쪽.

27 장주근, 《제주도 무속과 서사무가》, 역락, 2001. 113~124쪽; 현용준, 《제주도 신화》, 서문당, 1977. 63~74쪽.

28 김선자, 《중국 소수민족 신화기행》, 안티쿠스, 2009. 385~386쪽.

29 위의 책, 386쪽.

30 임재해, 〈민속문화의 자연친화적 성격과 속신의 생태학적 교육 기능〉, 《비교민속학》 21집, 비교민속학회, 2001. 115~116쪽.

제4장 불로불사, 인간의 영원한 꿈

1 J. G. Frazer, *Folklore in the Old Testament: Studies in Comparative Religion and Law*, Macmillan and Co., Ltd.(Kessinger Publishing's Rare Reprints), 1923. 28쪽.

2 吉田敦彦 외, 하선미 역, 《세계의 신화 전설》, 혜원, 2010. 317~318쪽.

3 J. G. Frazer, 같은 책, 27~29쪽. 여기에는 위에서 예로 든 신화와 유사한 내용의 신화가 여러 편 소개되어 있다.

4 강지연, 〈[강지연의 그림읽기] '영원한 젊음' 그 오래된 열망의 표현〉, 《매거진 한경》, 2011. 1. 14.

5 D. Tserensodnom, 이평래 역, 《몽골 민간 신화》, 대원사, 2001. 95~96쪽.

6 이안나, 〈이안나 교수의 몽골인의 생활과 풍속 29〉, 《몽골교민신문》, 2008. 10. 7.

7 최정여·강은혜 채록, 《한국구비문학대계: 8-5(경상남도 거창군 편)》, 한국정신문화연구원, 1981. 377~381쪽.

8 J. G. Frazer, 같은 책, 30쪽.

9 위의 책, 30쪽.

10 위의 책, 29쪽.

11 이은봉, 《한국고대종교사상》, 집문당, 1984. 33쪽.

12 M. Eliade, 이재실 역, 《종교사 개론》, 까치, 1993. 168쪽.

13 J. G. Frazer, 같은 책, 20쪽.

14 M. Eliade, 이은봉 역, 《종교형태론》, 형설출판사, 1985. 191쪽.

15 J. G. Frazer, 같은 책, 32쪽.

16 Geoffrey Parrinder, *African Mythology*, The Hamlyn Publishing Group Ltd., 1967. 130~131쪽.

17 J. G. Frazer, 같은 책, 32쪽.

18 위의 책, 26쪽.

19 위의 책, 27쪽.

20 위의 책, 27쪽.

제5장 영원한 생명을 찾아서

1 김형준 편, 〈불사의 감로수〉, 《이야기 인도신화》, 청아출판사, 1994. 34~40쪽.

2 D. Tserensodnom, 이평래 역, 《몽골 민간 신화》, 대원사, 2001. 193~194쪽.

3 Stephanie Dalley, *Myths from Mesopotamia: Creation, the Flood, Gilgamesh, and Others*, Oxford University Press, 2008. 95~125쪽.

4 Sylvia Schopf, 임영은 역, 《죽음의 탄생》, 말·글빛냄, 2008. 109쪽.

5 위의 책, 102~106쪽.

6 Percival Lowell, 조경철 역, 《내 기억 속의 조선, 조선 사람들》, 예담, 2002. 174~175쪽.

7 袁珂, 전인초·김선자 역, 《중국신화전설 1》, 민음사, 1992. 251쪽.

8 '서불'은 '서복'이라고도 한다.

9 〈팔선진멜굿〉 자료 내용을 요약정리한 것으로, 김헌선 교수가 2002년 5월 22일 오사카에서 제주도 큰 심방 김만보를 만나 채록한 자료를 제공해 주었다. 멸치잡이 풍어를 기원하는 풍어제 참봉놀이에서 불린다고 한다.

10 천소영, 《물의 전설》, 창해, 2000. 135~138쪽.

11 위 내용의 진위에 대해서는 김일권, 〈서복설화의 역사적 인식 변화와 남해 금산 서불과차 암각문의 연관성 문제〉, 《민속학연구》 제22호, 국립민속박물관, 2008. 35~54쪽을 참고하기 바란다.

제6장 죽음의 세계를 먼저 경험해 본다면

1 Ovid, *The Metamorphoses of Publius Ovidius Naso*, SMK Books, 2012. 149~158쪽.

2 진성기, 《제주도 무가본풀이사전》, 민속원, 1991. 620~621쪽. 표준어 역은 필자.

3 위의 책, 621~623쪽.

4 Geoffrey Parrinder, *African Mythology*, The Hamlyn Publishing Group Ltd., 1967. 35~37쪽.

5 赤松智城·秋葉隆, 〈바리공쥬〉, 《朝鮮巫俗の研究 (上)》, 大阪屋號書店, 1937. 5~60쪽.

6 〈바리공주 무가〉의 지역적 편차에 대해서는 홍태한이 《서사무가 바리공주 연구》(민속원, 1998)에서 충실히 비교하여 제시한 바 있다.

7 성백인 역주, 《만문 니샨 무인전》, 제이앤씨, 2008. 133~179쪽.

8 M. A. Czaplicka, 이필영 역, 《시베리아 샤머니즘》, 탐구당, 1984. 166~167쪽.

9 권태효, 〈우물의 공간적 성격과 상징성 연구〉, 《민족문화연구》 56집, 고려대학교 민족문화연구원, 2012.

10 현용준, 《제주도 신화》, 서문당, 1977. 99~128쪽; 장주근, 《제주도 무속과 서사무가》, 역락, 2001. 141~151쪽.

11 권태효, 〈무속신화에 나타난 죽음 인도신, 저승차사의 인물 형상화 양상〉, 《일본학연구》 46권, 단국대학교 일본연구소, 2015.

12 김헌선, 〈서울지역 '바리공주'와 '감로탱'의 구조적 비교〉, 《구비문학연구》 23집, 한국구비문학회, 2006.

13 헤시오도스는 《신통기》에서 저승의 모습을 다음과 같이 묘사하고 있다.

  모든 출구는 봉쇄되어 있다. 포세이돈이 그 앞에 청동문을 세워놓았고, 주변에는 이중으로 담이 둘러쳐 있기 때문이다. … 그곳은 어두운 대지, 칠흑같이 어두운 타르타로스, 황량한 바다 그리고 별이 총총한 하늘 모두가 그 순서대로 시작하고 끝나는 곳이며, 소름 끼치고 퀴퀴한 냄새가 나서 신들조차도 전율을 느끼는 무척이나 깊은 심연이다. 그래서 한번 그 문에 들어선 사람은 일 년이 지나도 끝에 도달하지 못하며, 오히려 계속해서 불어오는 소름끼치는 폭풍우가 그를 이리저리 낚아챈다. 불멸의 신들에게도 이곳은 소름끼치는 공포의 장소이다. 거기는 또한 칠흑 같은 어두운 밤의 집들이 검은 구름에 가려진 채 놓여 있는 곳이다. (헤시오도스, 김원익 역, 《신통기》, 민음사, 2018. 76~77쪽.)

14 J. F. Bierlein, *Parallel Myths*, Ballantine Books, 1994. 222~223쪽.

15 Ovid, 김명복 역, 〈아에네아스〉, 《오비드 신화집: 변신 이야기》, 솔, 1993. 569~571쪽. 번역본에는 '아에네아스'로 표기하고 있으나 이 책에서는 외래어 표기법에 따라 '아이네이아스'로 표기하였고, 본래 문맥과 다소 차이가 있는 부분은 원전을 확인하여 바로잡았다. (Ovid, *The Metamorphoses of Publius Ovidius Naso*, SMK Books, 2012. 371~372쪽)

16 J. F. Bierlein, 같은 책, 210쪽.

17 위의 책, 231~233쪽.

18 J. G. Frazer, *Folklore in the Old Testament: Studies in Comparative Religion and Law*, Macmillan and Co., Ltd.(Kessinger Publishing's Rare Reprints), 1923. 30~31쪽.

제7장 생사를 넘나드는 유쾌한 상상

1 장기근 외 역, 《세계의 신화 V》, 대종출판사, 1973. 204쪽.

2 '저승차사'는 '저승사자'로도 불린다. 저승차사나 저승사자는 시왕의 명을 받아 망자를 저승으로 데려가는 존재로, 명칭에 따라 기능이나 성격의 차이가 있는 것은 아니다. 다만 '차사'는 관직명을 가져온 것으로 '사자'보다 대접하여 높이는 말이라고 할 수 있다. 그러므로 무속신으로 섬기는 경우에는 차사라는 명칭을 사용하고, 불교에서는 사자라는 명칭을 주로 사용한다.

3 김태훈, 〈죽음관을 통해 본 시왕신앙〉, 《한국종교》 33집, 원광대학교 종교문제연구소, 2009. 117쪽.

4 김두재 역, 〈불설예수시왕생칠경(佛說預修十王生七經)〉, 《시왕경》, 성문, 2006. 41쪽.

5 이상순, 〈진지노귀 사재삼성거리〉, 《서울새남굿 신가집》, 민속원, 2011. 519~520쪽. 표준어 역은 필자.

6 저승차사가 망자의 숨을 끊는 과정, 망자를 고통스럽게 저승길로 끌고 가는 모습 등을 보여주는 무속신화의 양상은 권태효의 〈무속신화에 나타난 죽음 인도신, 저승차사의 인물 형상화 양상〉, 《일본학연구》 46권(단국대학교 일본연구소, 2015)에서 여러 신화의 사례를 들어 소개하고 있다.

7 임석재·장주근, 〈셍굿〉, 《관북지방무가》, 문화재관리국, 1965. 5~69쪽.

8 임용한 외, 《뇌물의 역사》, 이야기가있는집, 2015. 149~150쪽.

9 Ovid, *The Metamorphoses of Publius Ovidius Naso*, SMK Books, 2012. 51~52쪽. 여기에는 로마 신화의 신(神) 이름인 '메르쿠리우스(Mercurius)'라고 표기하였으나 이 책에서는 우리에게 친숙한 이름인 '헤르메스'로 바꾸어 내용을 정리하였다.

10 임석재, 〈장자풀이〉, 《줄포무악》, 문화재관리국, 1970. 141~159쪽.

11 일연, 이병도 역주, 〈탈해왕〉, 《삼국유사》, 명문당, 1987. 199~201쪽.

12 이규보, 〈동명왕편〉, 《국역 동국이상국집 I》, 민족문화추진회, 1980. 139쪽.

13 손지봉, 《한국설화의 중국인물 연구》, 박이정, 1999. 61~73쪽.

14 '동방세기'는 '동방색이', 곧 '동방삭이'를 지칭한다.

15 진성기, 〈동방세기본〉, 《제주도 무가본풀이사전》, 민속원, 1991. 612~613쪽.

16 제주도에서 무당을 부르는 명칭이다.

17 임석재, 〈동방삭의 죽음〉, 《한국구전설화: 경기도 편(임석재 전집 5)》, 평민사, 1992. 295~296쪽.

18 J. F. Bierlein, *Parallel Myths*, Ballantine Books, 1994. 194~199쪽.

19 임석재, 〈혼의 정체〉, 《한국구전설화: 전라북도 편 2(임석재 전집 8)》, 평민사, 1991. 22~23쪽.

20 1998년 이정임(1945년생, 서울 거주)이 구연한 것을 필자가 채록·정리한 것이다.

21 Geoffrey Parrinder, *African Mythology*, The Hamlyn Publishing Group Ltd., 1967. 131쪽.

22 J. G. Frazer, *Folklore in the Old Testament: Studies in Comparative Religion and Law*, Macmillan and Co., Ltd.(Kessinger Publishing's Rare Reprints), 1923. 29쪽.

23 위의 책, 20쪽.

24 장영란, 《죽음과 아름다움의 신화와 철학》, 루비박스, 2015. 82쪽.

‖ 자료 편 ‖

권태효, 《중국 운남 소수민족의 제의와 신화》, 민속원, 2004.

김기국 외 편역, 《아프리카의 신화와 전설: 남부 아프리카 편》, 다사랑, 2017.

김남일·방현석, 《백 개의 아시아 1》, 아시아, 2014.

김두재 역, 〈불설예수시왕생칠경(佛說預修十王生七經)〉, 《시왕경》, 성문, 2006.

김석희 역, 《위대한 주제: 세계의 신화들》, 이레, 2008.

김선자, 《중국 소수민족 신화기행》, 안티쿠스, 2009.

김윤진 편, 《아프리카의 신화와 전설》, 명지출판사, 2004.

김형준 편, 《이야기 인도신화》, 청아출판사, 1994.

나상진 편, 《오래된 이야기(梅葛)》, 민속원, 2014.

노성환 역주, 《고사기》, 예전사, 1991.

박시인, 《알타이 신화》, 청노루, 1994.

성백인 역주, 《만문 니샨 무인전》, 제이앤씨, 2008.

이규보, 〈동명왕편〉, 《국역 동국이상국집 I》, 민족문화추진회, 1980.

이상순, 《서울새남굿 신가집》, 민속원, 2011.

임석재, 《줄포무악》, 문화재관리국, 1970.

_____, 《한국구전설화: 경기도 편(임석재 전집 5)》, 평민사, 1992.

_____, 《한국구전설화: 전라북도 편 2(임석재 전집 8)》, 평민사, 1991.

임석재·장주근, 《관북지방무가》, 문화재관리국, 1965.

장기근 외 역, 《세계의 신화 V》, 대종출판사, 1973.

장주근, 《제주도 무속과 서사무가》, 역락, 2001.

진성기, 《제주도 무가본풀이사전》, 민속원, 1991.

조철수, 《수메르 신화 I》, 서해문집, 1996.

최정여·강은혜 채록, 《한국구비문학대계: 8-5(경상남도 거창군 편)》, 한국정신문화연구원, 1981.

현용준, 《제주도 신화》, 서문당, 1977.

_____, 《제주도무속자료사전》, 각, 2007.

홍명희 외 편역, 《아프리카의 신화와 전설: 서부 아프리카 편》, 다사랑, 2016.

赤松智城·秋葉隆, 심우성 역, 《조선무속의 연구(상)》, 동문선, 1991.

吉田敦彦 외, 김수진 역, 《우리가 알아야 할 세계신화 101》, 아세아미디어, 2002.

吉田敦彦 외, 하선미 역, 《세계의 신화 전설》, 혜원, 2010.

袁珂, 전인초·김선자 역, 《중국신화전설 1》, 민음사, 1992.

Adolf Ellegard Jensen 외, 이혜정 역, 《하이누웰레 신화》, 뮤진트리, 2014,

D. Tserensodnom, 이평래 역, 《몽골 민간 신화》, 대원사, 2001.

Hesiod, 김원익 역, 《신통기: 그리스 신들의 계보》, 민음사, 2018.

J. F. Bierlein, 현준만 역, 《세계의 유사신화》, 세종서적, 1996.

N. K. Sandars, 이현주 역, 《길가메시 서사시》, 범우사, 1989.

Ovid, 김명복 역, 《오비드 신화집: 변신이야기》, 솔, 1993.

____, 이윤기 역, 《변신 이야기 1》, 민음사, 2013.

Reiner Tetzner, 성금숙 역, 《게르만 신화와 전설》, 범우사, 2002.

S. H. Hooke, 박화중 역, 《중동신화》, 범우사, 2001.

Sylvia Schopf, 임영은 역, 《죽음의 탄생》, 말·글빛냄, 2008.

Theodor H. Gaster, 이용찬 역, 《세상에서 가장 오래된 이야기》, 대원사, 1991.

西双版納傣族自治州 民族事務委員會 編, 《哈尼族古歌》, 云南民族出版社, 1992.

云南省 民族民間文學 楚雄調查隊, 《梅葛》, 云南民族出版社, 2009.

張仲仁 外 編, 《彝族創世史》, 云南民族出版社, 1990.

中村啓信 訳註, 《新版 古事記》, 角川ソフィア文庫, 2009.

松田幸雄, 《アフリカ神話》, 青土社, 1995.

大林太良, 《世界の神話》, 日本放送出版協會, 1976.

Donna Rosenberg, *World Mythology: Anthology of the Great Myths and Epics*, National textbook company, 1993.

Geoffrey Parrinder, *African Mythology*, The Hamlyn Publishing Group Ltd., 1967.

J. F. Bierlein, *Parallel Myths*, Ballantine Books, 1994.

J. G. Frazer, *Folklore in the Old Testament: Studies in Comparative religion and Law*, Macmillan and Co., Ltd.(Kessinger Rare Reprints), 1923.

Ovid, *The Metamorphoses of Publius Ovidius Naso*, SMK Books, 2012.

Richard Erdoes & Alfonso Ortiz, *American Indian Myths and Legends*, Pantheon Frairy & Folklore Library. 1984.

Roslyn Poignant, *Oceanic Mythology*, Paul Hamlyn, 1967.

Stephanie Dalley, *Myths from Mesopotamia: Creation, the Flood, Gilgamesh, and Others*, Oxford University Press, 2008.

Sylvia Schopf, *Wie der Tod in die Welt kam: Mythen und Legenden der Völker*, Verlag Herder, 2007.

Thomas Bulfinch, *Bulfinch's Mythology*, Dell Publishing Co., Inc., 1959.

Tulasi Diwasa, *Folk Tales from Nepal*, Publications Division, 1993.

‖ 연구 편 ‖

권태효, 〈무속신화에 나타난 죽음 인도신, 저승차사의 인물 형상화 양상〉, 《일본학연구》 46권, 단국대학교 일본연구소, 2016.

_____, 〈우물의 공간적 성격과 상징성 연구〉, 《민족문화연구》 56집, 고려대학교 민족문화연구원, 2012.

_____, 〈인간 죽음의 기원, 그 신화적 전개 양상〉, 《한국민속학》 43집, 한국민속학회, 2006.

_____, 〈한국의 생산물 기원신화〉, 《한국 신화의 재발견》, 새문사, 2014.

김일권, 〈서복설화의 역사적 인식 변화와 남해 금산 서불과차 암각문의 연관성 문제〉, 《민속학연구》 제22호, 국립민속박물관, 2008.

김태훈, 〈죽음관을 통해 본 시왕신앙〉, 《한국종교》 33집, 원광대학교 종교문제연구소, 2009.

김헌선, 〈서울지역 '바리공주'와 '감로탱'의 구조적 비교〉, 《구비문학연구》 23집, 한국구비문학회, 2006.

_____, 《한국무조신화연구: 비교신화학의 자료적 가치와 의의》, 민속원, 2015.

김헌선 외, 《중동신화여행》, 아시아, 2018.

박종욱, 《라틴아메리카 신화와 전설》, 바움, 2005.

손지봉, 《한국설화의 중국인물 연구》, 박이정, 1999.

임용한 외, 《뇌물의 역사》, 이야기가있는집, 2015.

임재해, 〈민속문화의 자연친화적 성격과 속신의 생태학적 교육 기능〉, 《비교민속학》 21집, 비교민속학회, 2001.

장영란, 《죽음과 아름다움의 신화와 철학》, 루비박스, 2015.

조현설, 《신화의 언어》, 한겨레출판, 2020.

천소영, 《물의 전설》, 창해, 2000.

편무영, 〈시왕신앙을 통해 본 한국인의 타계관〉, 《민속학연구》 3집, 국립민속박물관, 1996.

홍태한, 《서사무가 바리공주 연구》, 민속원, 1998.

大林太良, 권태효 외 역, 《신화학입문》, 새문사, 2003,

Arnold van Gennep, 전경수 역, 《통과의례》, 을유문화사, 1992.

Carl Sagan·Ann Druyan, 김동광 역, 《잊혀진 조상의 그림자》, 사이언스북스, 2008.

J. G. Frazer, 이양구 역, 《구약시대의 인류민속학》, 강천, 1996.

_____, 이양구 역, 《문명과 야만》, 강천, 1996.

Karl Toube, 이응균 외 역, 《아즈텍과 마야 신화》, 범우사, 1998.

Lucilla Burn, 이경희 역, 《그리스 신화》, 범우사, 2000.

M. A. Czaplicka, 이필영 역, 《시베리아 샤머니즘》, 탐구당, 1984.

M. Eliade, 이은봉 역, 《종교형태론》, 형설출판사, 1985.

_____, 이재실 역, 《종교사 개론》, 까치, 1993.

Percival Lowell, 조경철 역, 《내 기억 속의 조선, 조선 사람들》, 예담, 2002.